LES GRANDS ÉCRIVAINS FRANÇAIS

MIRABEAU

PAR

EDMOND ROUSSE

MIRABEAU

EN VENTE A LA MÊME LIBRAIRIE

VICTOR COUSIN, par M. *Jules Simon*, de l'Académie française.

MADAME DE SÉVIGNÉ, par M. *Gaston Boissier*, de l'Académie française.

MONTESQUIEU, par M. *Albert Sorel*, de l'Institut.

GEORGE SAND, par M. *E. Caro*, de l'Académie française.

TURGOT, par M. *Léon Say*, député, de l'Académie française.

A. THIERS, par M. *P. de Rémusat*, sénateur, membre de l'Institut.

D'ALEMBERT, par M. *Joseph Bertrand*, de l'Académie française, secrétaire perpétuel de l'Académie des sciences.

VAUVENARGUES, par M. *Maurice Paléologue*, secrétaire d'ambassade.

MADAME DE STAEL, par M. *Albert Sorel*, de l'Institut.

THÉOPHILE GAUTIER, par M. *Maxime du Camp*, de l'Académie française.

BERNARDIN DE SAINT-PIERRE, par M. *Arvède Barine*.

MADAME DE LA FAYETTE, par le comte *d'Haussonville*, de l'Académie française.

MIRABEAU, par M. *Rousse*, de l'Académie française.

RUTEBEUF, par M. *Clédat*, professeur de Faculté.

POUR PARAITRE PROCHAINEMENT :

ALFRED DE VIGNY, par M. *Paléologue*, secrétaire d'ambassade.

CHATEAUBRIAND, par M. *de Lescure*.

SAINT-SIMON, par M. *Gaston Boissier*, de l'Académie française.

FÉNELON, par M. *Paul Janet*, de l'Institut.

Coulommiers. — Imp. PAUL BRODARD.

MIRABEAU

LES GRANDS ÉCRIVAINS FRANÇAIS

MIRABEAU

PAR

EDMOND ROUSSE

DE L'ACADÉMIE FRANÇAISE

PARIS
LIBRAIRIE HACHETTE ET Cie
79, BOULEVARD SAINT-GERMAIN, 79

—

1891

AVERTISSEMENT

Dans ce petit livre, rien n'est à moi, si ce n'est les opinions que j'exprime sur des événements connus de tout le monde, et les jugements que je porte sur des hommes jugés depuis longtemps par beaucoup d'autres.

Je n'ai pas entendu faire tenir dans deux cents pages tout Mirabeau. Pour cet audacieux raccourci, ce ne serait pas assez d'un peintre d'occasion et d'un écrivain de rencontre.

Si l'on veut connaître l'homme tout entier, il faut lire les mémoires publiés en 1835 par M. Lucas de Montigny, et la correspondance du comte de Lamarck publiée en 1851 par M. de Bacourt. Il faut étudier surtout l'ouvrage excellent dont, il y a vingt ans, M. Louis de Loménie avait donné les premiers volumes, et que son fils vient d'achever.

Des curieux, des chercheurs opiniâtres pourront trouver encore, dans les hasards d'une enchère, ou dans les archives solitaires d'une petite ville de province, quelque lettre inédite, quelque pamphlet ou quelque scandale oubliés, dont la postérité n'a que faire. Mais désormais l'enquête est close. Grâce à MM. de Loménie, cette orageuse biographie n'a plus pour personne aucun secret; quiconque désormais parlera de Mirabeau, devra chercher dans ces travaux précieux sa route et son guide. C'est ce que j'ai fait et ce que je veux dire.

E. R.

PREMIÈRE PARTIE

JEAN-ANTOINE DE MIRABEAU

LE MARQUIS DE MIRABEAU
LE BAILLI DE MIRABEAU
LE COMTE ALEXANDRE DE MIRABEAU

1666-1762

CHAPITRE I

Une phrase et un geste; — quand j'étais jeune, c'est tout ce que nous savions de Mirabeau : « Allez dire à votre maître que nous sommes ici par la volonté du peuple, et que nous n'en sortirons que par la force des baïonnettes.... »

Une belle phrase, qui sonne bien — et qui n'a peut-être jamais été dite; — un geste superbe, que depuis cent ans de grands artistes ont, à l'envi, rendu populaire.

Ce bras étendu, cette main menaçante, cette grosse tête poudrée, ces grosses lèvres bouffies d'éloquence; ce gros corps planté fièrement; cette laideur tumultueuse et trapue enfoncée dans les plis corrects de l'habit à la française, relevée par l'extravagance pompeuse de la coiffure à la mode, et prenant dans ces atours solennels je ne sais quelle majesté emphatique, colossale et bizarre; c'est ainsi que cette image était restée dans ma mémoire, comme le pendant démocratique de Louis XIV entrant tout botté dans la grand'chambre du Parlement.

Ajoutez à ce tableau la figure élégante et frêle du marquis de Dreux-Brézé dans son costume de cour, avec le chapeau à plumes et les talons rouges, s'effaçant devant l'habit noir du Tiers-État comme le fantôme de la royauté devant l'apparition soudaine du peuple. Voilà, sans l'envisager de plus près, dans quel cadre, dans quelle auréole nous avions entrevu Mirabeau.

Tout n'était pas faux dans cette vision écourtée. Ce qui l'était absolument, c'était l'impression que nous en devions garder. Avec cette mise en scène et ces airs de gloire, avec ce jour de théâtre qui éclaire un seul point, supprime les détails et déplace les ombres, on avait, non pas l'homme, mais le personnage; et l'on passait, sans le voir, comme si ce n'était qu'un orateur et un tribun, devant un des mortels les plus compliqués que l'histoire ait jamais trouvés sur sa route.

Pour le débrouiller et le voir comme il est, à travers les fables de la politique et les mensonges des partis, ce n'est pas lui seul qu'il faut connaître: ce sont tous les siens.

Je ne crois ni aux fatalités héréditaires, ni aux destinées inévitables. Chacun répond de soi dans ce monde, et la loi des origines n'est peut-être que la superstition commode des âmes dégoûtées de la liberté. Mais cet homme est si fortement engagé dans toute sa race qu'on chercherait en vain à l'en isoler et à l'en déprendre. On a beau faire : avant d'arriver jusqu'à lui, il faut passer par tous les autres.

Quelque soin qu'ils aient pris pour dépayser leur roture, pour pousser jusqu'au XVe siècle leur généalogie suspecte, et pour greffer les Riquet de Marseille sur les Riqueti de Florence, rien de plus obscur que les commencements de leur maison. Noblesse équivoque, longtemps marchandée, dont le titre le plus clair est modeste : un jugement de 1564 qui, après une enquête laborieuse, exempte d'une redevance féodale Jean Riquet, premier consul de la ville de Marseille, fils d'un riche marchand.

Quelques années après, Jean Riquet achetait, près de Manosque, une vieille forteresse démantelée. C'était le château de Mirabeau dont les Riquet prenaient aussitôt le nom sonore, et auquel, un siècle après seulement, des lettres royales attachaient un titre de marquis.

CHAPITRE II

Dans « cette vieille citadelle à l'air auguste » naquit, le 26 octobre 1666, un des plus rudes hommes de guerre qui aient bataillé dans les armées de Louis XIV : Jean-Antoine Riquet de Mirabeau.

Il venait cent ans trop tard. C'était un soldat de l'autre siècle, un colosse dur comme le fer, impénétrable et tout d'une pièce. On l'aurait pris pour un survivant des arquebusades de Jarnac ou des chevauchées d'Ivry-la-Bataille ; un Montluc moins les pendaisons, un d'Aubigné sans *les Tragiques*.

Jusqu'à quarante ans, il avait guerroyé sans relâche ; en Italie surtout : en Piémont, sous Vendôme. Au combat de Cassano, criblé de blessures, un bras fracassé, le cou traversé par une balle, il avait été laissé parmi les morts. Relevé par hasard, sauvé par miracle, il dut se faire ajuster au cou, pour soutenir sa tête branlante, un collier d'argent qu'il ne quitta plus. « Cassano ! c'est l'affaire où je fus tué », disait-il en parlant de cette aventure.

Peu de temps après, à quarante-deux ans, ainsi

accommodé, avec son bras en écharpe et sa cravate d'argent, que pense-t-on qu'il ait pu faire?... Il épousa une jeune femme. « C'était, a écrit son fils, un de ces hommes qui ont le ressort et l'appétit de l'impossible.... » Il le fit bien voir ; car, d'un mariage si hasardeux, ce géant en ruine engendra sept enfants, sans que personne se soit jamais avisé d'en rire.

On peut croire qu'un homme ainsi bâti n'était pas un courtisan fort habile. Une fois seulement, il se laissa conduire à Versailles par le duc de Vendôme qui voulait le faire nommer mestre de camp. La visite ne fut pas heureuse. Une réponse bourrue qu'il fit au Roi y mit brusquement un terme. « Je te présenterai désormais à l'ennemi, lui dit Vendôme, mais jamais à la cour. » Il n'y revint pas, et il fit bien. C'était un de ces héros d'avant-garde qui, dans des armées régulières et dans un royaume bien ordonné, gagnent des batailles et meurent colonels.

Très dur envers ses vassaux de Provence, il les défendait rudement, à son profit, contre les traitants, les sergents du fisc et les commis de la gabelle ; ne cédant rien aux gens du Roi, se moquant des procureurs et des huissiers, dont il a légué à sa descendance la haine orgueilleuse et le singulier mépris ; — familier par accès et à ses heures, jovial avec dignité, aimant à paraître ; et, quoique à demi ruiné, « s'essoufflant à donner à tout ce qui lui tient un air de magnificence » ; au demeurant, ayant mérité ce mot qu'a dit sur lui son petit-fils : « On lui rendit en respects ce qu'on lui devait en honneurs ».

Sa famille ne l'approchait qu'à distance, dans le respect superstitieux, dans le culte redouté de l'autorité paternelle qui ne connaissait ni les caresses ni les baisers. Son fils le dit dans des termes dont la simplicité fait frémir : « Je n'ai jamais eu l'honneur de toucher la chair de cet homme respectable ».

Qu'a pu être le ménage de ce formidable mari? Belle, jeune et de grande famille, il ne paraît pas que sa femme — une Castellane — ait trouvé le joug trop pesant. Elle n'a rien fait du moins pour l'alléger ou s'en affranchir. Mais ces mornes résignations ont parfois de cruels retours. Veuve et retirée chez son fils, dans une maison livrée à tous les désordres, la pauvre femme fut atteinte, vers ses vieux jours, d'une odieuse folie qui n'était peut-être que le réveil vengeur des feux mal éteints de sa jeunesse.

Tel est le premier ancêtre de Mirabeau qui nous soit bien connu, et avec lequel on puisse lui trouver déjà quelque air de famille. L'énergie, l'égoïsme, un tempérament indomptable, une familiarité grandiose, des airs de magnificence « essoufflée » : une indépendance rétive que n'intimidaient ni les préjugés du monde, ni le prestige de l'autorité souveraine;... si l'on ajoute à ces traits notables « l'éloquence mâle » que Vauvenargues prête à ce grand soldat féodal, on aura déjà l'ébauche, l'original grossier d'un type puissant qu'une génération nouvelle va faire revivre, en l'accommodant aux mœurs, aux idées et aux passions d'un autre âge.

CHAPITRE III

Des sept enfants de Jean-Antoine, quatre étaient morts sans que, dit-on, l'on ait vu leur père verser une larme. Les trois derniers étaient Victor, Charles-Elzéar et Louis-Alexandre : le marquis, le bailli et le comte.

Quand on parle d'eux, on commence d'ordinaire par le cadet, pour se débarrasser d'abord du moins important des trois frères. J'aime mieux laisser à chacun son rang de naissance, et, comme il convient à des Mirabeau, maintenir au marquis son droit d'aînesse. C'est lui qui a gardé avec le plus de constance et de relief la physionomie et l'accent paternels. C'est lui qui, par ses écrits, a le premier rendu son nom populaire. C'est lui qui a eu, sur la destinée du grand orateur de qui je dois parler, la plus lourde et la plus décisive influence : je vais droit à celui-là, pour tâcher de faire revivre en quelques traits son image.

Il était né à Pertuis, en Provence, le 4 octobre 1715. Un jour, il avait alors sept ans, son père l'interrompit brusquement tandis qu'il lisait un livre d'enfant, et, sans phrases, le fit partir pour Marseille où les jésuites l'attendaient. Il devait revenir rarement à Mirabeau.

A treize ans, il était au service; à seize ans, il entrait à Paris, dans une de ces académies où les jeunes gens de bonne maison commençaient l'apprentissage de la guerre, du monde et de la cour; on y faisait un peu de littérature, dans les intervalles du manège, de l'escrime et de la danse.

Le marquis de Mirabeau a écrit qu'à cette époque « il était farouche »; il n'entendait parler, sans doute, ni de sa conscience ni de sa vertu. La façon dont il raconte la turbulence besogneuse de sa jeunesse nous en apprend assez sur l'austérité de ses mœurs et sur la délicatesse de ses goûts. « Quand mes souliers furent usés, je portai mes bottes.... Mes cheveux, de deux pieds plus longs que ma figure, flottaient autour de mon corps.... La croix de Malte avec cela et un vieux surtout, c'en était assez pour aller au parterre de la comédie, *qu'un de mes amis me payait, tantôt l'un, tantôt l'autre!...* » Ainsi accoutré, et fait comme un « brûleur de maisons », il était devenu la terreur des loges et du *chauffoir*.

Un soir, malgré la présence de la duchesse de Bourbon, il menait au théâtre un tel vacarme qu'il fallut, pour le mettre à la raison, faire entrer la maréchaussée dans le parterre.

Ce n'était pas seulement à la comédie que « tantôt l'un, tantôt l'autre » payait pour lui. Épris d'une comédienne, il devint son amant par surprise, et, sans plus d'argent que de scrupules, cet adolescent « farouche » partageait philosophiquement, « tantôt avec l'un, tantôt avec l'autre », les nuits changeantes de Mlle Dangeville.

C'étaient là des échappées de jeunesse qu'à vingt ans un enseigne de dragons, marquis en espérance, pouvait sans trop de scandale se permettre. Quelques années après, il fit bien pis. A vingt-huit ans, il quitta le service pour se marier; et il se maria, pour son malheur. Il se maria par intérêt, par ambition d'argent et d'affaires; par curiosité d'utopiste aussi; pour avoir des terres à gouverner, des théories agricoles à essayer, des méthodes de labourage à mettre en pratique. Sa fiancée, dont il ne s'inquiétait guère, était la fille d'un marquis douteux du Soissonnais, M. de Vassan : une jeune personne à peu près fille, à peu près veuve; mariée d'abord à douze ans à un vieillard, et qu'on avait fait rentrer le soir dans son couvent. Ce vieux mari ne dura guère. Le jeune Mirabeau vit sa femme pour la première fois le jour où l'on signa le contrat. Quant à sa belle-mère, il s'aperçut ce jour-là seulement « que la visière de son esprit n'était pas bien droite ».... Rien n'y manquait : ce mariage de raison était, de tous les côtés, la plus plate des folies, qui en promettait et en amena beaucoup d'autres.

A peine marié, le marquis donna l'essor à toutes

les chimères logées à l'étroit dans sa vaste tête, pêle-mêle avec une cohue de préjugés et de paradoxes.

Infatué de sa noblesse surfaite, engoué des nouveautés à la mode, il avait deux marottes qui ne devaient pas bien aller ensemble, mais que sa vanité forçait à cheminer de compagnie : ressusciter une grande existence féodale, et faire, par principes et droit de nature, le bonheur du genre humain. C'est lui qui disait sans rire : « Il n'y a jamais eu qu'une mésalliance dans notre famille, celle des Médicis » ; et plus tard, se trompant de trois siècles : « Depuis cinq cents ans, on a toujours souffert des Mirabeau qui n'étaient pas faits comme les autres ».

Ce marquis de fraîche date veut être duc ; et il achète aux Rohan le fief de Roquelaure, sans l'aller voir, comme il s'est marié.

Le lendemain, on lui montre qu'il a payé cent mille francs de trop ; il plaide pour rentrer dans son argent, et redevient marquis comme devant. Mais ce duc sans duché est en même temps un agronome de premier ordre ; il veut labourer à sa guise, et il bouleverse à grands frais la terre de Sauvebœuf, qui appartenait à sa femme. Dans le même temps, il achète, à cent lieues de là, le domaine du Bignon, tandis qu'à l'autre bout de la France, il projette un canal qui doit faire du terroir pierreux de Manosque une petite Beauce provençale.

Ce n'est pas assez ! il lui faut un hôtel à Paris pour recevoir les beaux esprits et les philosophes. Et il achète une maison rue Bergère, qu'il troque aussitôt contre une autre rue de Seine; tout cela en moins de quatre ans. Il est déjà ruiné plus qu'à moitié. Et comme son notaire scandalisé se récrie : « Sachez que je ne me conduis pas en affaires par des principes communs », répond-il fièrement.

Il avait bien raison. Ce sentencieux écervelé n'était pas un homme ordinaire. Dans sa large tête s'était entassée en quelques années, on ne sait comment, une masse énorme d'études confuses, de connaissances désordonnées; et, dans les intervalles de ce fatras, dans les fondrières de ce chaos, la vanité tenait toute la place que le sens commun laissait vide.

Le jeune marquis n'était pas homme à garder pour lui des trésors dont, seul, il croyait connaître tout le prix. L'exubérance native de sa faconde provençale, l'estime prodigieuse qu'il avait de lui-même, l'intérêt affectueux qu'il portait, de loin, à l'humanité, tout lui commandait de répandre largement ses idées, et de révéler aux hommes des secrets indispensables à leur bonheur.

Il avait eu, dès son enfance, le goût, puis la passion d'écrire. Il s'était débrouillé l'esprit en rimant, comme bien d'autres, des tragédies. Sous-lieutenant, il avait composé un poème didactique où il enseignait aux généraux l'art de la guerre.

D'ailleurs il venait au monde à propos, dans un temps où son activité allait se trouver à l'aise, où il pourrait montrer, avec le mérite qu'il avait, le génie qu'il croyait avoir.

Pendant le long règne de Louis XIV, les grands écrivains qui l'ont illustré avaient gardé, sur la politique et sur le gouvernement des États, une réserve que leur conseillait la prudence, mais qui ne coûtait rien à leur sagesse. Telle n'était pas la pente de leur génie.

L'homme, bien plus que les hommes, avait occupé leur pensée. De grands ministres, des administrateurs habiles avaient mis la main aux affaires publiques[1]. Les parlements, par leurs arrêts, les assemblées provinciales, par leurs vœux, y avaient eu leur part, mal définie et sans cesse disputée. Mais les particuliers n'avaient, en ces matières, ni liberté d'examen, ni droit de remontrance.

Si quelques-uns s'en inquiétaient, si déjà, du temps de La Bruyère, « des citoyens obscurs s'instruisaient du dedans et du dehors d'un Royaume, étudiaient le gouvernement, savaient le fort et le faible d'un État », c'étaient des rêveurs solitaires que le public connaissait à peine. Et lorsque, vers la fin du règne, les Vauban, les Beauvilliers, les Fénelon se mêlèrent de critiquer discrètement les impôts, les finances et les abus « du royaume de Sésostris ou d'Idoménée », un blâme majestueux du grand Roi, un mot tombé de ses lèvres sur « les beaux esprits chimériques de son royaume » suffirent pour faire justice de ces puériles allégories et de ces curiosités téméraires.

Mais, le Roi mort, c'est en haut que la digue se rompit d'abord et que le torrent déborda. Les désordres exemplaires, l'impiété affichée de la Régence ouvrirent la brèche, du côté de la religion et de la morale tout au moins, aux pires audaces du *libertinage*. Si la parole et la pensée n'avaient pas encore toutes les libertés, elles avaient déjà toutes les licences; et, quels que fussent leurs excès, elles comptaient des complices trop puissants pour ne pas être, en dépit des lois, assurées de l'impunité.

La cour avait donné le signal, la maison du Roi avait ouvert la tranchée; on sait comment de grands écrivains, des pamphlétaires redoutables travaillèrent à l'élargir; et comment se fit jour, sous le prête-nom ambigu de la philosophie, le droit de penser, de parler et d'écrire.

Dans cette campagne qui dura plus de cinquante ans, toutes les passions se donnèrent carrière. Les plus nobles esprits s'y rencontraient avec les plus décriés et les moins honnêtes. Toutes les ambitions, tous les talents se jetèrent dans cette mêlée où chacun combattait avec ses armes; où Voltaire lui-même ne fut qu'un éclaireur incomparable; où *Candide* et les *Lettres persanes* n'étaient que des escarmouches d'avant-garde, et où l'*Encyclopédie* représentait assez bien la plus pesante des machines de guerre, qui s'embourba lourdement avant la fin de la bataille.

C'est surtout avec Montesquieu et l'*Esprit des lois* que s'établit en France, par la plus solide et la plus légitime des conquêtes, cette puissance nouvelle qui appartient à tous, dont tous ont abusé chez nous tour à tour; dont ni les fautes ni les crimes ne doivent faire oublier les bienfaits ; et qui, malgré d'effroyables intervalles de servitude et d'anarchie, n'a pas cessé de s'appeler la liberté.

On voudrait en vain compter les écrits que l'œuvre de Montesquieu a fait naître. Sa concision irritante, ses obscurités calculées, l'air de désordre qui règne, par endroits, dans ce grand ouvrage, étaient comme autant de défis habiles jetés à la curiosité du public.

Des esprits ingénieux s'appliquèrent à deviner les énigmes, à déchiffrer les oracles dont le sens échappait à la sagacité du vulgaire. Comme les *Pandectes*, l'*Esprit des lois* eut ses scoliastes et sa glose.

De cette multitude d'écrits, le plus long, le plus lourd, le plus diffus et le plus touffu est assurément *l'Ami des hommes*; c'est peut-être aussi le plus remarquable. Il a été pendant un temps populaire ; il a mérité de rester célèbre. C'est un de ces livres dont tout le monde parle, que presque personne ne connaît, et que, dans chaque génération, un citoyen courageux devrait lire, pour en dispenser tous les autres.

Le marquis de Mirabeau n'en était pas à son coup d'essai. Cet administrateur désordonné, ce propriétaire nécessiteux et prodigue se croyait, par vocation de nature, le législateur, l'économe providentiel du genre humain.

Près de dix années auparavant, en 1747, il avait laissé courir en manuscrit un « testament politique » où, s'adressant, par avancement d'hoirie, au fils qu'il n'avait pas encore, il lui disait gravement :

« Ruminez ceci, c'est écrit en cinq jours, mais pensé pendant des années ».

Ce que le petit Mirabeau devait « ruminer » en venant au monde, c'était un énorme traité sur les droits et les devoirs des seigneurs, où ce seigneur intraitable accablait de ses railleries les « préposés de la cour », c'est-à-dire les intendants de province établis par Richelieu, « l'autorité puante, la paresse de cette clique,... cette sorte de magistrature informe et monstrueuse qu'on a donnée à des gens aussi fripons qu'avantageux, et l'apparence de crédit que semblent avoir ces gens-là.... Appliquez-vous attentivement et sourdement à les perdre, dit-il à son fils, écrasez le scorpion et n'en approchez pas. »

En 1750 paraissait, sans nom d'auteur, un ouvrage qui fit grand bruit; c'était un mémoire sur les *États provinciaux*, dans lequel, prenant sur les esprits les plus hardis de son temps une avance de plus de vingt années, le marquis de Mirabeau combattait à outrance la centralisation du pouvoir; organisant à sa façon les pays d'élection et les pays d'états; professant le *doublement* du Tiers « qui est de droit, dit-il, puisque c'est lui qui porte le poids principal des charges », et la *délibération* par tête, conséquence nécessaire du *doublement*.

« Le doublement du Tiers, le vote par tête !! » Le marquis de Mirabeau écrivait ces mots en 1750, quarante ans avant le serment du Jeu de Paume. On sait comment, le 23 juin 1789, l'orateur du Tiers-

État devait résumer dans une seule phrase toutes les idées de son père.

Je n'ai à faire ni la critique, ni l'analyse de *l'Ami des hommes*. De plus habiles ont reculé devant ce labeur; d'autres n'y ont réussi qu'à moitié. Il faut bien du courage pour pénétrer dans ce labyrinthe, et pour chercher à tâtons le bout du fil; mais, à travers ce brouillard d'idées, de rêves et d'utopies, dans ce demi-jour où se croisent d'inextricables détours, de loin en loin percent de grands coups de lumière. De ces divagations épaisses se dégagent alors les questions les plus vivantes qui puissent intéresser les sociétés humaines, celles qui devaient surtout surprendre et troubler une grande nation accablée de maux et de vieillesse, avide de rajeunissement et de nouveautés.

Aujourd'hui encore, dans les lourdes digressions de ce monologue confus, nous retrouvons presque toutes les idées qui nous tourmentent, presque toutes les passions qui nous agitent, presque tous les dangers qui nous menacent.

Est-ce *l'Ami des hommes* d'il y a cent ans, ou un publiciste d'aujourd'hui qui, effrayé du dépeuplement de la France, écrit dans sa langue bizarre et hardie :

« Le premier des biens, c'est d'avoir des hommes. Je voudrais que chaque fille mère reçût dix écus pour prix du présent fait à l'État.... Il est indifférent à la terre de produire des chèvres ou des hommes.... Les hommes multiplient comme des rats dans une grange, s'ils ont les moyens de subsister.... »

Est-ce dans *l'Ami des hommes* ou dans un journal d'hier qu'on lit des phrases comme celles-ci : « Le rentier est un oisif qui jouit.... La plupart des maux de la société lui sont dus.... Les grandes fortunes sont dans un État ce que sont les brochets dans un étang.... Je ne connive pas avec les idiots ou les gens de sac et de corde qui prétendent qu'il faut que le peuple soit misérable.... La colère du ciel ne fait magasin que des pleurs du pauvre opprimé.... »

Qui a prononcé, quarante ans avant les conventionnels, ce mot de *Fraternité*, que nos révolutions et nos haines d'un siècle rendent presque odieux aujourd'hui ? « Je me range devant le porteur d'eau qui passe, parce que le pauvre homme est chargé ; j'accepte le contact d'un mendiant dont l'odeur infecte et les haillons me reprochent une fraternité méconnue !... » Et à propos de la traite des nègres : « Il faut nous *fraterniser* dans le nouveau monde comme dans l'ancien ».

Et les vues sur le crédit public, encore tout meurtri des expériences de Law et des écueils du Missisipi ; et la théorie du libre-échange disputant aux règlements jaloux de Colbert le marché fermé de la France.... Et les pages superbes sur le défrichement des landes de Gascogne !... sans compter les traits d'esprit, les mots sanglants, les pastiches de La Bruyère ou de Saint-Simon, sur « les gens de plume et d'écritoire faisant place à tous les *potirons* que la haute faveur élève de toute part ! » Enfin cette apostrophe audacieuse adressée au Roi lui-même : « Votre Majesté n'a-t-elle jamais pensé que l'air impératif et dédaigneux que l'on donne à ses statues est ou puéril ou fâcheux?... » Enfin ce pressentiment prophétique de la Révolution qui s'avance : « Ceux qui ne voient pas le danger sont bien aveugles, car nous y touchons ». Tout cela jeté pêle-mêle, au hasard, sans points d'arrêt et de repère ; enveloppé, a dit Grimm, dans « un jargon sensible, onctueux et mystique », que traversent des éclairs de gaîté gauloise et de malice plébéienne ; sans que, d'ailleurs, l'orgueilleux marquis se relâche un instant de ses prétentions nobiliaires et de ses airs de grand seigneur. D'un mot juste et rapide, M. de Tocqueville a bien rendu la philosophie de ce chaos : « C'est l'invasion des idées démocratiques dans un esprit féodal ».

La publication de *l'Ami des hommes* souleva dans toute l'Europe des transports d'admiration. A Paris ce fut « une furie ». Aux enchantements de la renommée, la mode ajouta ses extravagantes faveurs. Bientôt découvert sous son pseudonyme philanthropique, le marquis fut pris au mot et faillit y perdre son vrai nom. On ne l'appelait que l'*Ami des hommes* ; on « faisait foule » pour le voir passer par les rues ; et, pendant toute une saison, il connut les derniers enivrements de la gloire. Des avocats fameux le citèrent en plaidant devant la grand'chambre ; et le titre de son livre servit d'enseigne aux boutiques.

Au plus fort de ses succès, ce publiciste déjà célèbre devint, par surcroît, économiste et physiocrate.

Vers 1750, dans un entresol de Versailles, au-dessus de la chambre à coucher de Mme de Pompadour, logeait un petit homme alerte et bizarre, audacieux et prudent, frondeur et rêveur; savant sans renommée, qui avait tout appris et tout renfermé dans les compartiments étroits d'une intelligence puissante; honnête homme sans vertus et sans vices, qui se piquait de rester fidèle à ses principes en les accommodant aux exigences de sa fortune, et de rester fidèle à ses amis sans se trop aventurer pour les défendre.

Le docteur Quesnay était chirurgien de son état. Fils d'un pauvre avocat de bailliage, poussé à la cour par une femme d'intrigue, il était devenu le médecin ordinaire de la maîtresse du roi, le domestique de sa santé, l'économe distrait de ses plaisirs ou de ses faveurs.

Témoin dangereux des manèges de la cour, mêlé, sans s'y trop salir, à de louches entremises, établi commodément au cœur des plus scandaleux abus, vivant de l'aisance et du crédit qu'il leur devait, il les regardait sans colère et les notait sans pitié.

Mais les petits appartements de Versailles et les cabinets du Roi n'étaient pas tout son horizon. Il avait été élevé à la campagne, au milieu des laboureurs; travaillant avec eux à la métairie de sa mère; et à douze ans, il avait appris à lire dans la *Maison rustique* de Liebault. Ce médecin de ruelles aimait la terre en paysan, le peuple en plébéien; et, dans les loisirs de sa sinécure, c'est de ce côté que se portaient ses pensées. Peu à peu, sous l'étreinte d'un esprit durement trempé, elles prirent, comme tout ce qu'on y jetait, la forme raide et cassante d'un système.

C'était un édifice politique laborieux et symétrique, au-dessus duquel flottaient un vague déisme et un royalisme équivoque; un *ordre physique et social* dont la nature elle-même lui avait livré le secret pour assurer à jamais la multiplication, le bonheur matériel du genre humain, pour en bannir la misère, et pour fonder, sur le bien-être de chacun, l'amélioration morale de tous.

Cette froide utopie s'appuyait sur des calculs infaillibles, sur des théorèmes abstraits, sur une algèbre mystique dont les initiés connaissaient seuls les formules.

Ce qu'en peut comprendre le vulgaire, et ce qu'il en faut retenir quand on n'est pas économiste en titre d'office, ce sont ces deux axiomes encore débattus aujourd'hui : La terre est pour une nation la source unique de toute richesse ; — L'impôt sur la terre est l'unique redevance due par les sujets au souverain.

On voit assez par quels endroits ces idées touchaient à celles de l'*Ami des hommes*. Quesnay en fut frappé. Il voulut voir le marquis de Mirabeau. L'abord fut orageux, mais dès la seconde rencontre le maître avait un disciple, le prophète avait un apôtre et bientôt, grâce à ce prosélyte ardent, une école.

L'intimité de ces deux hommes n'allait pas sans

quelques révoltes. Le marquis était dompté plus que soumis, sous le joug plus que sous le charme; et il ne cédait qu'en frémissant :

« Il me fallut courber le front sous la main crochue de l'homme le plus antipathique à ma chère et natale exubérance, le plus aigre aux disputes, le plus implacable à la résistance, le plus armé de sarcasmes et de dédain.... »

Les *physiocrates* ne voulaient rien devoir aux *philosophes*; mais entre les esprits, sinon entre les écoles, une commune ardeur de nouveautés et de réformes avait établi des liaisons inévitables. Quesnay donnait des articles à l'*Encyclopédie*; et, toutes les semaines, dit-on, son entresol réunissait aux voyants de l'*ordre naturel* et du *produit net* les pontifes laïques de la philosophie. Dans ces soupers, où Mme de Pompadour se laissait voir par instants, Dupont de Nemours, l'abbé Burgault et Menier de la Rivière devisaient amicalement avec Diderot, d'Alembert, Duclos, Helvétius, quelquefois avec Turgot et Buffon.

Rien n'égalait l'orgueil de Quesnay et de ses élèves. Dans leurs écrits comme dans leurs discours, tout était *irréfutable*, tout était *évident*. Ils avaient ces airs déplaisants de certitude et d'autorité, d'enthousiasme niais et de crédulité présomptueuse qui font d'un érudit un pédant, d'un disciple un adepte, d'une école une secte, et d'une église une pagode. Mais, quoi qu'on en puisse penser, on ne saurait parler à la légère d'une doctrine dont Turgot a tiré le fond même de sa politique. Et quand on a fait le tour de toutes les idées que remuait ce petit cénacle, on reconnaît qu'il n'en est presque aucune qui n'ait bientôt après bouleversé le monde et qui ne le trouble encore aujourd'hui.

J'ai dit que Quesnay était prudent. Mirabeau ne l'était guère. Ses succès avaient enflé son audace. Pour laisser à la *science* le champ libre, pour faire donner à la terre tout son *rendement*, il fallait arracher d'abord les plantes parasites qui la dévoraient, c'est-à-dire détruire la compagnie puissante qui tenait dans ses mains la ferme des impôts. « Renversons la Ferme d'abord, et nous aurons assez fait pour la régénération. »

C'est de ce côté que le « tenace docteur » lança son lieutenant. Il y courut tête baissée. En quelques mois, il écrivit un gros livre qui avait pour titre : *la Théorie de l'impôt,* et pour conclusion pratique la suppression immédiate de la compagnie. Sans aller jusqu'au bout de la préface, on pouvait prévoir quel serait le sort de l'auteur et de l'ouvrage. Il y avait dans les vingt premières lignes le contrepoids de vingt lettres de cachet. Le 16 décembre 1760, l'*Ami des hommes* fut arrêté chez lui, le plus poliment du monde ; et, par un retour anticipé des choses d'ici-bas, emprisonné pendant huit jours dans le château de Vincennes, où, plus tard, il devait tenir son fils enfermé pendant quatre années. Au bout de la semaine, il fut invité à s'en aller au Bignon et à n'en point sortir sans un ordre du Roi.

L'exilé ne prit pas son exil au tragique. Il était établi commodément, à vingt lieues de Paris, dans une terre qu'il aimait, au milieu de ses paysans qu'il « exhaussait jusqu'à lui en leur touchant dans la main et en baisant au front leurs enfants ».

Le paysage était charmant : « un petit panier d'herbes, si drôlement mélangé d'arbres, de bocages, d'eaux et de culture, qu'on dirait que tous les oiseaux de la contrée s'y sont donné rendez-vous ». On croit voir un trumeau de Lancret ou de Boucher.

Dans cette aimable retraite, les lettres et les compliments lui arrivaient par ballots; les visites par carrossées. Enfin, une jeune dame de ses amies avait consenti à partager sa disgrâce; et cette agréable intimité, dont Mme de Mirabeau ne pressentait pas alors le danger, donnait à l'heureux marquis tout ce que l'attrait d'une liaison naissante pouvait ajouter aux jouissances de sa bruyante célébrité, et au parfait contentement qu'il avait de lui-même.

Jamais l'*Ami des hommes* n'avait jeté sur l'humanité un regard plus satisfait. Jamais sa bonne humeur ne s'était répandue en propos plus hardis et plus fantasques. Il lui plaît d'être martyr à si bon compte. Il ne veut être rappelé ni trop vite ni par grâce. Et comme le bon duc de Nivernais lui conseille de se ménager un appui auprès d'un ministre roturier : « Un appui à la cour! s'écrie-t-il dans un accès de verve campagnarde. L'appui d'un honnête homme est en la Providence, dans sa propre force, et dans les hommes qui toujours se rallieront à l'honnêteté comme les renards à l'odeur du hanneton. *Appui à la cour!* Il faut que je fasse charbonner cette sentence sur la porte de mes privés.... »

C'est à cette époque, je crois, que, non content de s'être fait le législateur du genre humain, l'*Ami des hommes* voulut étendre sur la république des lettres sa juridiction paternelle, et couronner de ses propres mains le plus grand poète de son temps. Son choix tomba sur... Lefranc de Pompignan! Il écrivit, en son honneur, « un vaste panégyrique qui tient, à lui seul, la moitié d'un gros in-4 ». S'il faut en croire Laharpe, qui n'avait pas la main légère, « c'est un chef-d'œuvre dans le genre de l'amphigouri, écrit par un homme qui n'avait de l'imagination méridionale que le degré d'exaltation qui touche à la folie ». Quant à Voltaire, il ne dit rien, mais il dut bien rire.

Le marquis de Mirabeau avait alors quarante-six ans. Il était dans toute sa gloire. Chef de famille obéi, sinon respecté, sa femme, qui n'était ni belle, ni bonne, ni aimable, lui avait donné, à défaut de tendresse, tout ce qu'il avait jamais souhaité d'elle : un héritier mâle qui devait continuer son nom et sa race. A ce fils qui avait douze ans, il n'avait encore à reprocher que sa laideur, et il avait quelque pressentiment de son génie.

C'est à ce moment unique de sa vie que je quitte, à regret, cet homme étrange, pour le retrouver bientôt, par échappées, accablé de chagrins, entouré de ruines, aussi décrié, aussi haï qu'il avait été populaire; aux prises avec tous les siens révoltés; trouvant dans son fils le châtiment et la satisfaction suprême de son orgueil. J'en ai dit assez pour faire connaître à peu près le terrible père de ce terrible fils.

C'était un politique très hardi, auquel le bon sens a souvent manqué; un philosophe équivoque, dont l'esprit voyait droit et la conscience de travers; un écrivain de génie, absolument dépourvu de goût et de mesure, qui s'est bien jugé lui-même : « Mon style, fait en écailles d'huîtres, dit-il, est si surchargé de différentes couches d'idées, qu'il aurait besoin d'une ponctuation particulière pour être débrouillé ». C'est bien cela! — Mais, malgré tout, on ne peut lire dix lignes de ce fatras rugueux et superbe, sans que le nom de Saint-Simon vous vienne malgré vous à la pensée; un Saint-Simon presque aussi grand peintre que l'autre, mais bien plus large, plus ouvert; j'ose le dire, plus vivant; aussi prodigue et dépensier de lui-même que l'autre est borné dans ses étroites visées; plus obscur aussi et plus difficile à pénétrer, parce qu'au lieu d'une seule idée, il en a mille.

CHAPITRE IV

Le XVIIIe siècle a mené si grand bruit de son esprit, de ses folies et de ses vices, qu'on parle rarement de ses vertus. Il a eu pourtant ses braves gens et ses sages. Si l'on veut peindre *l'honnête homme* du temps de Louis XV, c'est le bailli de Mirabeau qu'on pourra prendre pour modèle. Sa vie est aussi simple, aussi nette, aussi pleine de grandes actions et de beaux exemples que la vie de son frère est embrouillée, emphatique, pleine de désordres et de chimères.

Comme son frère, Jean-Antoine-Joseph-Charles-Elzéar Riqueti était né dans la petite ville de Pertuis. A douze ans et demi, laissant ses classes à moitié route chez les Jésuites d'Aix ou de Marseille, il fut embarqué sur les galères du Roi, comme garde de l'étendard et novice de l'ordre de Malte; à quinze ans, il avait déjà fait bravement deux campagnes. Dans ce noviciat hasardeux, il semble que le jeune marin ait voulu, d'un seul coup et d'avance, payer toute sa dette au tempérament de sa race. « J'étais un fou sérieux, dit-il, pas très doux », et pour compléter en deux mots la confession de ce héros précoce, ajoutons que c'était un ivrogne achevé! Mais, après quelques bordées orageuses, de lui-même il s'arrêta de boire et se mit au travail avec ardeur. « La prison des gardes de l'étendard avait d'ailleurs mis de l'eau dans son vin. »

A dix-sept ans, il avait terminé ses *caravanes* sur les galères de son ordre, et il quittait Malte pour reprendre du service sur les vaisseaux du Roi. A vingt et un ans, il était enseigne; et, depuis cette époque, dans toutes les mers et sous toutes les latitudes, partout où il y avait des coups à donner et à recevoir, il conquit le renom d'excellent officier et de marin intrépide.

Blessé gravement par un boulet dans la désastreuse campagne du Canada et prisonnier des Anglais, capitaine de frégate à trente ans, capitaine de vaisseau trois ans après, en 1752 il était nommé gouverneur de la Guadeloupe et désigné comme gouverneur général des îles Sous-le-Vent. Il était sur la route des grands emplois; il s'en fallut de très peu qu'il n'y arrivât.

Malade et forcé de rentrer en France, le bailli de Mirabeau avait cédé aux instances du marquis et s'était laissé présenter à la cour. Il débarque à Versailles les mains pleines de projets et de mémoires sur la marine et sur les colonies, croyant qu'il n'aurait qu'à les produire pour les voir lus et discutés; mais il se heurte à mille obstacles, perd patience, et, comme on prépare une expédition pour reprendre Minorque aux Anglais, il court tout droit à Toulon, menaçant « de délivrer la terre et la mer » de l'amiral qui ne veut pas le prendre à son bord. Il emporte de haute lutte un poste de second sur l'*Orphée*, où il va faire son quart côte à côte avec le chevalier de Suffren.

Il sort sain et sauf du glorieux combat de Mahon, où « les Anglais ont manœuvré comme des cochons »; puis, après de nouveaux démêlés avec les fièvres de la Guadeloupe, il revient à la cour. Malgré son indépendance et sa brusquerie de métier, il s'assouplit et se civilise à demi. Son grand air, sa beauté remarquable, sa réputation militaire lui assurent partout un bon accueil. Grâce au docteur Quesnay, il est admis à la toilette de Mme de Pompadour que charme sa belle mine, et qui l'examine avec intérêt, comme une curiosité venue de loin. Pendant deux ans, il est flatté, consulté, exploité tour à tour par trois ministres qui, tour à tour, semblent lui préparer leur héritage; puis, tout à coup, on se débarrasse de lui et de ses projets en l'envoyant inspecter les défenses des côtes de Picardie, de Normandie et de Bretagne. Dans cet exil honorable, il trouve encore le loisir de se battre. Le 12 septembre 1758, il est au combat de Saint-Cast, où il contribue de toutes ses forces « à bien peigner les Anglais », et où il s'en fait un grand massacre.

« Je m'en porte très bien », écrit-il avec une joie féroce au milieu des blessés et des morts....

A quarante-trois ans, dégoûté des manèges de la cour, las de naviguer, de guerroyer et de louvoyer, le sage marin est sur le point de jeter l'ancre et de prendre femme. Mais, s'arrachant à toutes les tentations à la fois, il accepte le commandement général des galères de Malte et retourne « à son Africaine », à cette île guerrière qui gardait le souvenir de ses jeunes années, où il trouva malgré lui la richesse, et où il vieillit dans des honneurs bien mérités qui ne devaient rien à la Fortune.

Il ne lui fut pas donné de mourir à temps. Rappelé en France par sa tendresse fraternelle, il vécut assez pour voir sa famille déchirée par d'effroyables discordes que ni ses conseils, ni ses efforts ne purent conjurer; sa patrie bouleversée par une révolution que, depuis longtemps, il avait prévue. A soixante-dix ans enfin, presque seul survivant de tous les siens, il assistait aux funérailles triomphales du plus fameux de tous.

Trois ans après, le vieux commandeur revenait mourir sur son rocher, devançant de quelques années seulement la disparition de l'ordre illustre dont il avait failli devenir le grand maître, dont il était un des derniers et des plus vaillants soldats.

Le voyageur qui visite, à Malte, la vieille et somptueuse église des Chevaliers, passe, sans s'y arrêter sans doute, devant une des chapelles voisines du chœur. Derrière la grille ouverte, dans un coin que le jour éclaire à peine, une dalle de marbre, surmontée d'un blason tourmenté. Sur le marbre, une inscription latine que, depuis cent ans, personne peut-être n'a jamais lue. C'est là que repose en paix le bailli de Mirabeau. L'épitaphe concise rappelle la date de sa naissance, la date de sa mort, les dignités dont il a été revêtu. Elle laisse entendre, sans le dire, qu'il est mort des suites de ses glorieuses blessures. Ce brave homme est mort comme il a vécu, simplement. C'était le meilleur des Mirabeau[1].

Ce n'était pas seulement un grand homme de bien; c'était l'âme la plus droite, le cœur le plus tendre, l'intelligence la plus ouverte qui fût au monde. Il avait sur toutes choses des clartés pénétrantes; des vues politiques d'une justesse, d'une étendue et d'une profondeur singulières; une érudition vaste et sûre; enfin, cette pointe d'utopie et ce génie d'écrire qui étaient la marque et comme l'accent particulier de sa race.

Dans l'espace de quarante ans, près de quatre mille lettres furent échangées entre son frère et lui. Elles sont dans de bonnes mains et seront sans doute publiées un jour. Parmi celles que nous connaissons et que le bailli a écrites, plusieurs sont des chefs-d'œuvre de bon sens, d'éloquence et de bonté.

Lorsque la discorde éclate dans la famille, il a,

1. Je dois ces renseignements à l'obligeance de M. Laurent-Cochelet, consul de France à Malte.

contre ceux qu'il croit les plus coupables, des accès de colère dont il ne cherche pas à modérer la véhémence; et si parfois il se prête à son étrange neveu, s'il a pour lui, au plus fort de ses emportements, quelques faiblesses, rarement il est son jouet et sa dupe. Jamais, même dans son plein éclat, cette insolente fortune n'a forcé son admiration ni son estime. Le grand tribun, d'un trait cynique et juste, a bien donné la mesure de son oncle et la sienne : « Cet honnête homme n'a de défaut que son invincible faiblesse pour son frère.... »

La biographie du bailli de Mirabeau, qu'il avait écrite lui-même, est perdue; elle se retrouvera peut-être un jour; mais, à le juger par ses actions et par ses écrits, je ne crois pas qu'un autre homme puisse donner une idée plus imposante de ce qu'était, il y a cent ans, au déclin et jusque dans les ruines de l'ancienne monarchie française, ce sentiment bien français, cette vertu monarchique qui s'appelle l'honneur.

CHAPITRE V

Ces Mirabeau sont tout un monde. J'ai tâché de résumer dans quelques pages l'histoire des deux fils aînés de Jean-Antoine. Le roman du troisième peut se raconter en quelques lignes. On en ferait aisément des volumes,... sans compter les drames et les comédies.

Louis-Alexandre Riqueti était de sept ans plus jeune que le bailli. Comme ses frères, il fut, tout enfant, engagé dans l'ordre de Malte, et à treize ans il était sous-lieutenant d'infanterie au régiment du Roi.

Beau et brave comme tous les siens, il servit avec honneur à Ettingen, à Fontenoy et à Raucoux. C'étaient de beaux commencements.

Il avait eu de plus un grand bonheur, dont auraient profité de plus sages. Au régiment du Roi, il avait eu pour capitaine Vauvenargues, qui était un ami de son frère aîné, et qui prodiguait au jeune officier ses bons conseils.

Voici quel fut le succès du doux moraliste.

A Bruxelles, le chevalier de Mirabeau rencontra Mlle Navarre, qui était alors la maîtresse en titre du maréchal de Saxe, et la maîtresse par quartiers de beaucoup d'autres. Il s'éprit d'elle; et, après une liaison de quelques mois, il se mit en tête de l'épouser, sans se laisser émouvoir par la défense de sa mère et par les menaces du marquis.

Déjouant toutes les surveillances, bravant tous les dangers, il passa en Hollande et en revint marié. Il avait alors vingt-quatre ans.

C'est dans les mémoires de Marmontel qu'il faut lire cette histoire. Marmontel avait été un des plus récents prédécesseurs du chevalier dans les faveurs de son amie. Il avait fait avec elle, dans un village des environs de Reims, une retraite galante de plus d'un mois; et cette pastorale champenoise avait fait scandale dans la loge de Mlle Clairon.

Leur passion mutuelle, exaltée « par le succès de Denys le Tyran... », leurs ravissements, leurs délices, « les perfides douceurs dont il était abreuvé », les tortures que lui faisait endurer, même « au milieu des plus doux transports, la coquetterie de la plus séduisante des femmes » ; puis le déclin rapide de cet amour et la trahison éclatante « de la perfide », le pauvre Marmontel raconte tout cela — pour l'instruction de ses enfants, — tantôt avec une impudeur tranquille, tantôt avec des élans de sensibilité larmoyante et de rhétorique plaintive qui sont d'un comique achevé.

Mais le point capital de ce petit poème, c'est la visite de fiançailles que le chevalier de Mirabeau et sa maîtresse font un beau matin à l'amant éconduit; et cette scène touchante où le bon Marmontel, « après avoir beaucoup pleuré », finit par leur offrir à tous les deux « une tasse de café au lait servie par son savoyard », et déjeune avec eux de bon appétit.

Quoi qu'il en soit, Mlle Navarre paya cher sa conquête et son titre. S'il faut en croire la légende à défaut de documents bien certains, le marquis de Mirabeau essaya sur les nouveaux époux tous les engins de persécution qu'il devait plus tard émousser contre son fils : lettres de cachet, mandats de police, et le reste,... sans compter les épîtres furieuses où sa bile féodale se répand en flots d'amertume sur ce monstrueux forlignage; mais il n'eut pas le temps de pousser plus loin sa vengeance. Moins d'un an après son mariage, la pauvre femme mourait à Avignon, pleurée par Marmontel et par beaucoup d'autres, mais sans que la famille de Mirabeau se crût obligée de prendre le deuil.

A quelque temps de là, deux voyageurs passaient par Avignon et s'y arrêtaient pendant quelques jours. C'étaient le margrave de Bayreuth et sa femme, sœur de Frédéric II. Le jeune comte de Mirabeau leur vint faire sa cour, avec toute la noblesse du pays. Du premier coup, il plut aux deux Altesses, qui lui proposèrent de les suivre en Italie, avec un de ces vagues emplois dont un titre de cour remplit le vide et relève l'importance.

Le pauvre veuf n'avait plus rien à regretter ni à perdre dans son pays. Son mariage l'avait brouillé avec tous les siens. S'il faut en croire son aîné, « il était à bout de voie, et il n'avait fait que trois morceaux de sa légitime ». Il tenta l'aventure et n'eut pas à le regretter.

Deux ans après, on le retrouve à Bayreuth riche et puissant, établi solidement dans la faveur du prince, avec le titre de grand chambellan, gouvernant à son gré les affaires et la politique de cette petite cour. Mais là ne devait pas s'arrêter sa fortune.

En 1757, après de sanglants échecs, pressé de tous côtés par Marie-Thérèse et ses alliés, le roi de Prusse cherchait à détacher la France de cette coalition redoutable. Il lui fallait un ambassadeur secret pour mener à bien cette négociation délicate. La margrave de Bayreuth lui proposa d'envoyer à Versailles le comte de Mirabeau. On peut voir ailleurs la lettre curieuse par laquelle Frédéric agrée cette ouverture, le crédit qu'il met au service de son agent, et le prix effronté dont il compte acheter à Versailles son succès.

Pour le malheur de la France, la cour fut intraitable ; la négociation échoua ; et bientôt après, n'ayant plus que son épée à jeter dans la balance, le vainqueur de Rosbach, comme il écrivait la veille de la bataille, « faisait changer de face au destin ».

Ce qui avait aussi changé de face, avec la fortune du comte de Mirabeau, c'était l'opinion qu'avait conçue de lui sa famille. Peu à peu, dans la correspondance de ses deux aînés, « le vaurien de Bruxelles, le mauvais sujet d'Avignon, l'aventurier *Buscon* devient un diplomate de talent.... Il a du brillant et du fond.... Il est bon et honnête.... Il est même grand à bien des égards. » Manifestement flatté des honneurs qu'un Mirabeau a conquis en Allemagne, le bizarre marquis invente pour ce politique d'aventure un surnom classique qui contente à la fois son orgueil dynastique et sa vanité fraternelle. Il ne l'appelle plus que « Germanicus »....

Malgré l'insuccès de son ambassade, Germanicus n'avait rien perdu des bonnes grâces de son maître. En 1759 il revint en France, chargé des intérêts particuliers du margrave; et, tout en justifiant la confiance de son prince, l'heureux ambassadeur sut mériter l'estime et les éloges du duc de Choiseul.

Ce deuxième roman se termina, comme le premier, par un mariage; mais cette fois, le nom de Mirabeau n'en recevait aucune atteinte. En 1760, le grand chambellan de Bayreuth épousait une jeune Allemande, intelligente et bonne, fille noble, sœur d'un grand dignitaire d'une petite cour.

Ce fut une joie sans mélange dans la famille quand le comte vint en France y présenter sa femme. Ils furent reçus tous deux à bras ouverts. Ils allèrent, en grand équipage, se montrer à leurs tenanciers de Mirabeau, avec cuisiniers, heyduques et coureurs. « On sera tout étonné dans nos contrées de voir des heyduques, écrit le marquis enchanté, il n'y a rien de tel que les gueux pour être splendides. »

Hélas ! le mariage a rarement porté bonheur à un Mirabeau.

Mlle Navarre était morte quelques mois après avoir épousé le jeune comte.... Deux ans après ses secondes noces, il mourait à son tour, à trente-six ans, dans le plein élan de sa rapide fortune, aimé par la plus raisonnable des femmes, réconcilié avec tous les siens, et lorsqu'il allait faire oublier par ses talents les fautes excusables de sa jeunesse.

Tels furent les parents les plus proches, les devanciers et les précurseurs de Mirabeau. Parler de lui sans parler d'eux, ce serait une entreprise bien vaine. Pour le comprendre et le juger, il faut avoir sans cesse devant les yeux la race étrange d'où il est sorti et dont il va faire revivre à la fois tous les traits ; la dynastie hasardeuse qui, après un siècle d'efforts, d'essais et d'ébauches tourmentées, a produit enfin cet étonnant rejeton et ce souverain de deux années.

DEUXIÈME PARTIE

GABRIEL-HONORÉ DE RIQUETI, COMTE DE MIRABEAU

SA JEUNESSE. SA VIE PRIVÉE. SES OUVRAGES

1749-1789.

CHAPITRE I

« La vie privée de Montesquieu n'a point d'intérêt, a dit très justement M. Sorel. Elle n'éclaire en quoi que ce soit ses ouvrages. »

Voilà ce qu'on ne dira jamais de Mirabeau. Sa naissance, ses fautes, ses vices; les scandales insolents qu'il traînait partout à sa suite; les châtiments démesurés qu'il a subis; les désordres sans nom d'une famille déchaînée contre elle-même; toute sa vie, enfin, est le fond même et la substance de son œuvre. C'est dans ce sol tourmenté que cette vaste intelligence a jeté ses racines; c'est dans ce limon qu'a été pétri son génie.

Gabriel-Honoré de Riqueti, comte de Mirabeau, est né le 9 mars 1749 dans ce château du Bignon où son père devait être exilé dix ans plus tard.

Son enfance a sa légende et ses prodiges, comme l'enfance mythologique des héros de la Fable. Il n'y manque que les serpents du berceau d'Hercule.

4

Un pied tordu, la tête démesurée ; deux dents toutes poussées quand il vint au monde ; avec cela l'air atroce, la langue embrouillée dans le filet ; et, à trois ans, une maladie qui lui laboure le visage en y creusant des cicatrices ineffaçables. « Ton neveu est laid comme celui de Satan », écrit à son frère le marquis de Mirabeau, consterné de son étonnante progéniture. C'était en effet une dérogeance humiliante à la beauté héréditaire de la race. Et, pour comble de déplaisir, ce gros garçon mal venu rappelait au gendre de M. de Vassan les traits d'un beau-père détesté ; « c'était la pourtraicture achevée de son odieux grand-père ».

A mesure que l'enfant grandit, son père l'observe sans tendresse, sans aversion, avec la curiosité maussade d'un naturaliste étudiant un « monstre » dont la classification lui échappe.

Les jugements qu'il porte sur lui varient chaque jour et ne se ressemblent que par leur choquante exagération. A peine a-t-il cinq ans, ce « neveu de Satan » est devenu « un espiègle fort questionneur et fort agissant ; on parle de son savoir dans tout Paris.... Il promet un fort joli sujet. »

Puis, quelque temps après : « Je dois renoncer à ce que cet individu-là ait jamais le caractère de notre race.... L'aîné de mes garçons vendra son nom ; il pourrait fort bien s'appeler un enfant mal-né. Il me paraît ne devoir être qu'un fol invinciblement maniaque.... en sus de toutes les qualités viles de son antique ressemblance.... Je vois maintenant le naturel de la bête, et je ne crois pas qu'on en fasse jamais rien. »

Le marquis s'efforce pourtant d'en faire quelque chose. A cinq ans, il le met entre les mains de M. Poisson, un brave homme déclassé, instruit et sérieux, qu'il prend au Bignon avec toute sa famille : « Un homme vraiment supérieur par le maintien, l'esprit et le cœur, que, de cinq ans d'habitudes journalières, je n'ai jamais pu trouver faible et *intercadent* en rien ».

Pendant cinq ans, Poisson enfonce patiemment dans la tête de cet écolier rétif par nature, laborieux par caprice, docile par accès, toute la quantité de grec, de latin, d'histoire et de philosophie qu'elle peut contenir. Il se forme ainsi, dans cette intelligence profonde, une couche dormante de littérature et de souvenirs classiques, de beaux exemples et de beaux préceptes, qu'un jour sa prodigieuse mémoire lui rendra fidèlement, comme un dépôt longtemps oublié.

Les défauts de l'enfant augmentent avec son savoir. Il en est un qu'il faut noter, qui semble incurable, sur lequel le marquis revient sans cesse et s'acharne. « Parbleu! pour le mensonge de prédilection, il l'abjurera, ou je saurai l'annuler avec disgrâce. Je ne me soucie de mathématiques, de physique ni de langues, pour lui comme pour moi. Mais de quoi je me soucie, c'est qu'il soit tellement marqué d'un fer chaud au premier mensonge qu'il fera, que la cicatrice lui en reste. »

Il est présomptueux et beau parleur, comédien de naissance, par vocation. A huit ans, il se fait applaudir sur un petit théâtre dont Poisson est le poète, le chef d'emploi, le décorateur et le machiniste. « Vous verrez, écrit le marquis à Mme de Rochefort, vous verrez jouer un rôle à un petit monstre qu'on dit être mon fils, et qui, le fût-il de l'ancien La Thorillière, ne saurait être plus naturellement comédien. »

Poisson est routinier, formaliste; il ne laisse pas assez d'air à cet esprit avide de liberté. Il ne sait pas rendre la main à propos, donner de l'espace, du champ à cette nature échappée. Voici venir l'adolescence, l'explosion turbulente d'une terrible puberté. Pour contenir ce tempérament déchaîné, pour redresser cette conscience louche et la mettre en droiture, le systématique marquis appelle à son aide un géomètre, un maître d'armes et un théatin; puis, un capitaine de cavalerie, honnête homme et bon latiniste, membre de l'Académie des belles-lettres.

Rien n'y fait : à quinze ans, le « petit monstre » les a tous usés. On essaie alors de l'abbé Choquard qui tient à Paris une pension cosmopolite; un novateur à la mode, fort en avance sur son temps et sur le nôtre, qui, tout en suivant de loin les vieilles méthodes de la Sorbonne, dresse ses élèves à toutes sortes de tours de force et d'adresse. Il les fait boxer à l'anglaise, manœuvrer à la prussienne, danser à la française sur des airs de ballet. Dans les intermèdes des pirouettes, l'*Ami des hommes* essaie de glisser par surprise un cours d'économie politique et l'explication du *tableau physiocratique* de Quesnay.

Mirabeau reste deux ans dans cette école d'acclimatation ; capricieux, inégal, cahoté du cachot au banc d'honneur, aussi incommode dans ses succès que dans ses disgrâces. On veut le mettre à la porte ; ses camarades le réclament et le font rester ; non pas qu'ils l'aiment fort, mais il est à leurs yeux un personnage.... Le bruit qu'il fait les amuse ; son air d'importance les grandit ; sans lui la maison serait vide.... A dix-sept ans il se couvre de gloire en déclamant un morceau de sa façon, un parallèle entre le grand Condé et Scipion l'Africain. Il commence à faire du bruit dans le monde. « Le jeune aiglon vole déjà sur les traces de son illustre père », dit le journal de Bachaumont.

Mais les Mirabeau sont d'épée, et l'âge est venu de mettre au service l'aîné de la maison, M. de Pierre-Buffières ; c'est sous ce nom sonore que le petit gentilhomme « ira dans le monde », comme on disait dans ce temps-là.

Son père l'envoie à Saintes, au régiment de Berri-Cavalerie, commandé par le marquis de Lambert, un jeune sage frotté de philosophie et d'économie politique ; un Vauvenargues moins tendre « qui prétend que l'air exclusif de l'honneur et le régime dur et froid réunis peuvent refaire les poumons les plus gâtés même par nature ».

Les poumons du jeune homme résistent à cette

hygiène. En un an, il passe cinq mois à la prison de Berri-Cavalerie, à peu près comme son oncle le bailli dans la prison des gardes de l'étendard. Après quoi, il s'enfuit un beau soir, ayant perdu au jeu quatre-vingts louis sans les payer, et laissant derrière lui une fille séduite, avec une promesse de mariage en souffrance. « Tous les délires à la fois », écrit son père.

Malgré le patronage du duc de Nivernais, malgré l'entremise fraternelle de M. du Saillant, ces fautes ne devaient pas rester impunies. Le jeune officier les avait encore aggravées en portant contre son colonel d'insoutenables accusations. Un ordre du ministre de la guerre l'envoya à la citadelle de l'île de Ré. Il y trouva le gouverneur le plus débonnaire, le bailli d'Aulan, qui élargit singulièrement sa captivité, et qui bientôt ne demanda qu'à se débarrasser de son prisonnier. Grâce à lui, M. de Pierre-Buffières obtenait une sous-lieutenance dans la légion de Lorraine, qui allait combattre l'insurrection de la Corse.

S'il faut en croire le marquis, entre sa sortie de la citadelle de Ré et son embarquement à Toulon, son fils aurait trouvé moyen de commettre encore une foule de méfaits : « Il va sacrant, battant, blessant, vomissant une scélératesse que rien de semblable. Il a, en sus des autres bonnes qualités, celle d'emprunter à toutes les mains : sergents, soldats, tout lui est égal. »

En Corse, du moins, il servit bien et bravement ;

il ne lui en fallait pas tant pour se croire un grand capitaine. « Ce que je suis le plus né, a-t-il écrit plus tard, c'est homme de guerre. J'ai reçu de la nature un coup d'œil excellent et rapide. Il n'est pas un livre de guerre, dans aucune langue vivante ou morte, que je n'aie lu.... Je puis montrer des mémoires de moi sur toutes les parties du métier, depuis les plus grands objets de la guerre jusqu'aux détails de l'artillerie, du génie et des vivres. » Un rapprochement qui me vient à la mémoire donne à ces prodigieuses vanteries toute leur saveur. En 1769, précisément à l'époque où ce grand guerrier de dix-huit ans faisait, en Corse, l'essai de son génie, tout près de lui, dans une modeste maison d'Ajaccio, Napoléon Bonaparte venait de naître!...

L'expédition de Corse fut l'unique campagne de Mirabeau. Au mois de mai 1770, il revenait en France et il allait passer tout l'été en Provence, où son oncle le bailli vivait retiré. Au bout de quelques jours, le vieux commandeur est étourdi, subjugué : « S'il n'est pas pire que Néron, il sera meilleur que Marc-Aurèle; car je ne crois pas avoir jamais trouvé tant d'esprit;... ou c'est le plus grand persifleur de l'univers, ou ce sera le plus grand sujet de l'Europe pour être pape, ministre, général de terre ou de mer, chancelier, et peut-être agriculteur ».

En effet son neveu lui a parlé de tout avec le même aplomb et la même adresse, flattant ses idées, caressant ses souvenirs; tantôt exaltant la gloire des grands marins, tantôt professant que « l'ordre féodal » est la seule sauvegarde du peuple et le rempart le plus assuré des monarchies.

Il en dit tant et si bien qu'après trois mois de beaux discours et de sages épîtres, il rentrait en grâce auprès du marquis, gagné par l'enthousiasme communicatif de son frère ; et peut-être par le secret espoir de faire de ce vaurien « un agriculteur »... et un physiocrate.

CHAPITRE II

C'est au château d'Aigueperse en Limousin que le père et le fils se réunirent. Le jeune homme tombait au milieu d'une révolution domestique. Depuis plusieurs années déjà, le marquis de Mirabeau vivait séparé de sa femme; et Mme de Pailly gouvernait, sans trop de scandale, cette maison désemparée. La vieille Mme de Vassan allait s'éteindre; et, autour de son lit de mort, toutes les convoitises étaient en éveil. Sa fille, son gendre, ses deux petites-filles, Mme du Saillant et Mme de Cabris, c'était à qui s'assurerait la plus grosse part de ce riche héritage. Elle morte, on se trouva en présence d'un testament assez équitable pour mécontenter tout le monde; assez compliqué pour allumer entre le marquis et la marquise de Mirabeau ces procès fameux où le patrimoine et l'honneur de la famille devaient subir de si cruelles atteintes.

En quelques jours le marquis avait jugé son fils et s'était assuré son appui. Il le lança en pleine mêlée, le chargeant de négocier à la fois avec sa femme, avec son gendre et avec ses filles ; mettant dans ses mains tous les fils de ces affaires embrouillées. Le jeune ambassadeur remplit son rôle comme il l'avait conçu, à sa façon et à son profit ; il y montra plus de hardiesse que de scrupules ; cherchant à se faire partout bien venir ; reportant de l'un à l'autre les propos les plus choquants et les confidences les plus étranges ; « jaugeant sa mère » à sa mesure et couvrant de ses plaisanteries équivoques les désordres les plus affligeants du foyer paternel. Le marquis ne faisait qu'en rire ; le temps était loin où il « n'aimait pas les pères et les fils camarades ».

Ces négociations véreuses retardèrent de quelques mois le commencement des hostilités, et, durant cette accalmie, Mirabeau fit, sur une petite scène, l'apprentissage orageux de la vie politique. Après une courte apparition à Versailles, où il étonna la cour par son audacieux entregent et ses familiarités hasardeuses, il alla, par ordre de son père, se montrer à ses vassaux du Limousin et de la Provence.

Dans le Limousin, tout réussit le mieux du monde. Des fêtes champêtres, des discours, des banquets villageois ; l'installation solennelle d'un tribunal de conciliation imaginé par l'*Ami des hommes* ; un peuple respectueux et timide qui s'attendrissait aux homélies de ses curés et aux harangues sentimentales de son seigneur ;... la baronnie de Pierre-Buffières crut connaître l'âge d'or.

En Provence, ce fut une autre affaire. A travers toutes les distances qui le séparaient de cette roture, le jeune comte trouvait dans les élus de son bailliage et dans les colons de ses métairies des hommes de sa trempe et de sa race ; violents et tapageurs, rusés et retors ; des cerveaux brûlés, entêtés de leurs privilèges et de leurs coutumes ; des têtes durcies et cuites au soleil, qui ne craignaient pas plus les coups de bâton d'un gentilhomme que les procès-verbaux de ses gardes-chasse.

A propos de quelques contraventions forestières, le petit seigneur voulut le prendre de très haut, faire marcher la maréchaussée et la justice du Roi. Mais la Révolution couvait déjà dans ces têtes ardentes. Il se heurta aux insolences obstinées d'une bourgeoisie solidement organisée, à la résistance légale des consuls, et à la mollesse du lieutenant criminel, qui osa lui refuser de faire pendre un de ces « républicains », comme les appelait déjà le bailli de Mirabeau.

Il fallut reculer à petit bruit, au risque des méchants propos et des moqueries. « Je n'aurais jamais cru qu'il coulât du sang de macreuse dans les veines d'un Mirabeau », disait un jour, en pleine assemblée, un vieux hobereau du voisinage.

Pour se distraire de ces déboires, le comte allait quelquefois à Aix, où il trouvait des parents, des amis, et des plaisirs de passage.

Il y avait là une jeune héritière très entourée, très courtisée, bien qu'elle ne fût pas belle, et recherchée par les meilleurs partis de la Provence, bien qu'elle fût d'une famille où la séparation de corps semblait être, de père en fils, le dénouement naturel du mariage.

C'était la fille du riche marquis de Marignane, qui devait lui laisser un jour plus de 500 000 livres. Elle avait alors dix-huit ans.

Quoique Mlle de Marignane fût déjà promise à un autre, Mirabeau se mit en campagne, parlant, écrivant, prodiguant les caresses et les flatteries, séduisant, pour les gagner à sa cause, « toutes les femelles ascendantes, descendantes et à niveau » qui entouraient la jeune fille. Il osa plus encore; c'est lui qui le dit : « Mlle de Marignane était essentiellement compromise. Je résolus d'en finir. »

Une nuit, en effet, « il en finit », dit-on, par un coup d'audace qui simplifiait les accords. Le 23 juin 1772, le mariage fut célébré à Aix en grande pompe. Mirabeau avait vingt-trois ans. Cette union, qui aurait dû mettre un terme aux désordres de sa jeunesse, fut pour lui le commencement des grandes folies et des grands malheurs.

CHAPITRE III

Jusqu'à présent, j'ai suivi Mirabeau presque pas à pas, tâchant de saisir dans leur premier relief ces traits qu'a ébauchés la légende et que cherche l'histoire. Ils ne feront plus que grossir et s'accentuer avec l'âge, pour composer la figure de l'homme lui-même, le masque de l'orateur, du politique et du tribun.

Maintenant, voici venir la cohue d'aventures, de fautes et de misères que pouvait faire pressentir cette indomptable jeunesse. Elles sont trop compliquées et trop connues pour que je m'y puisse attarder. Il faut seulement, d'un mot, en marquer la suite, pour ne pas rompre la trame qui enveloppe et tient tout le reste.

A peine marié, le jeune comte se répandit en extravagances fastueuses. Comme son père, comme son aïeul, « il s'essoufflait à faire le magnifique ». Bientôt ses gaspillages n'eurent plus de bornes. De Manosque à Marseille, il n'était bruit que des largesses besogneuses de ce riche malaisé, des insolences de ce hobereau mal appris « qui avait la main plus légère encore à frapper qu'à donner », qui recevait les protêts la menace à la bouche et chassait les huissiers à coups de bâton.

En quinze mois, il s'était endetté de 200 000 livres. Il était en comptes réglés avec tous les usuriers de la province; et il allait être arrêté à la requête de ses fournisseurs ameutés, lorsqu'un expédient commode vint le soustraire à leurs poursuites.

D'accord avec sa famille, et au grand contentement du coupable, le marquis de Mirabeau obtint du Ministère une lettre d'exil qui mettait son fils *sous la main du Roy*, c'est-à-dire à l'abri des mandements de justice. C'était un grave abus, mais dont les créanciers de Mirabeau pouvaient seuls se plaindre, et dont il triomphait, quant à lui, sans vergogne. « J'étais exilé et je m'applaudissais de l'être », a-t-il écrit plus tard en rappelant cette bonne fortune.

Deux mois après, sa sécurité était plus complète encore. Le 8 juin 1774, une sentence du Châtelet de Paris prononçait son interdiction. Il a souvent protesté contre cette déchéance, mais jamais il n'a rien tenté pour s'en affranchir; et, jusqu'au dernier jour de sa vie, grâce à cette humiliante immunité, le grand insolvable a pu défier les poursuites de ses créanciers.

A quelque temps de là, il allait avoir sur les bras de bien autres affaires.

Pendant que ce mari peu scrupuleux courait les environs de Manosque, désennuyant son exil dans les galanteries les plus vulgaires, sa femme, à son tour, le trompait, sans sortir de chez elle, avec un mousquetaire.

Cet accident fâcheux lui causa le plus profond étonnement. Mais bientôt, prenant les choses de très haut, il donnait à sa disgrâce conjugale ce tour théâtral et grandiose qui, dans cette famille, faisait de tout accident une tragédie, de toute aventure une épopée. Accablant de son pardon dédaigneux l'épouse infidèle, il foudroya « l'infâme suborneur » d'une longue lettre, pleine d'apostrophes et de prosopopées, où toute la rhétorique de la *Nouvelle Héloïse* se répandait en figures courroucées : « Indigne mortel, ne paraissez jamais devant moi; car puisse la foudre m'anéantir si je ne vous extermine pas! »

Après cette vengeance oratoire, qui avait dégonflé son courroux, il eut le bon goût d'en rester là, de n'exterminer personne et de ne pas ébruiter son malheur; mais, pour se mettre l'esprit en repos, il s'avisa d'un expédient auquel un autre n'eût pas songé. Rompant son ban un beau soir, il s'en alla, tout d'une traite, à 25 lieues de Manosque, négocier pour l'amant de sa femme un mariage qui le débarrassait à jamais de son rival.

C'est en revenant de cette ambassade qu'il s'arrêta quelques jours à Grasse où sa sœur, la belle marquise de Cabris, venait de faire bâtir une maison magnifique. Par son luxe, par son esprit mordant et hardi, par l'étrangeté de ses propos et de ses allures, cette jeune femme, mal mariée, avait mis le feu à la petite ville endormie.

L'arrivée de son frère fut pour elle un renfort bienvenu. Elle l'enrôla dans ces querelles de province. Elle l'enveloppa dans ces bavardages de salons, dans ces commérages de bastides. Un jour, à Sartous, où ils se trouvaient en bruyante compagnie, Mirabeau se prit de dispute avec un homme qui avait deux fois son âge et qui portait un des plus grands noms de la Provence. On en vint aux coups en plein soleil, et les deux gentilshommes se battirent comme des portefaix, roulant l'un sur l'autre dans la poussière de la route, pendant que Mme de Cabris et ses amies se pâmaient de rire à l'ombre des micocouliers.

Ce fut un affreux scandale, et il fallut faire partir au plus vite Mirabeau. Il n'y avait eu dans cette bagarre que quelques égratignures, d'assez violentes contusions, et un parasol cassé en deux sur les épaules d'un des combattants. Mais le Provençal battu se plaignit. Le lieutenant criminel de la sénéchaussée se mit en campagne, et un décret de prise de corps fut lancé contre le vainqueur, accusé de tentative d'assassinat.

C'était beaucoup de bruit et un bien gros mot pour une bien chétive aventure. Mais cette fois encore, ce fut un abus de pouvoir et un privilège de noblesse qui sauva le futur tribun; cette fois encore, une lettre de cachet, sollicitée par son père, le déroba aux poursuites de la justice; et, le 20 septembre 1774, il arrivait au château d'If, où ni exempts ni recors ne le pouvaient plus atteindre. Il était sous la main du Roi, dans un lieu d'asile.

Ce prisonnier gênant n'y resta que peu de temps, juste assez pour mettre à mal la femme du cantinier; et, au bout de six mois, il était transféré à l'autre extrémité de la France, au fort de Joux, où sa captivité allait être singulièrement adoucie. Chaque jour, avec l'agrément et souvent en compagnie du gouverneur, il descendait à Pontarlier. Il devait seulement remonter au fort chaque soir, ou du moins ne rien faire pour qu'on ne pût fermer les yeux sur son absence. C'était, en attendant mieux, un compromis tolérable entre la reclusion et la liberté.

Causeur amusant, il devint bientôt, pour les beaux esprits de la ville, une distraction pleine de charme, et pour les femmes une curiosité dangereuse. Qui aurait prévu que dans ce coin du monde, où il venait pour si peu de temps et de si loin, il allait jouer sa destinée presque tout entière?

C'est à Pontarlier que Mirabeau connut la marquise de Monnier; c'est là que commença cette liaison fameuse qui devait leur être si funeste. De loin, c'est un admirable roman; et de près, une fâcheuse histoire.

Qu'une femme de vingt et un ans, lasse d'un vieux mari, excédée de dégoût et d'ennui, impatiente de liberté, de plaisir et d'amour, se soit donnée à un jeune homme plein d'esprit et d'audace, venant de loin et portant un nom alors célèbre, entouré d'une légende romanesque dont sa triomphante laideur augmentait encore le prestige, — c'est une faute pour laquelle, dans ce temps-là surtout, peu de gens avaient le droit d'être sans pitié.

Que pour s'appartenir tout entiers, pour échapper l'un à ses geôliers, l'autre à son odieux ménage, aux rigueurs de sa famille, aux sottes cruautés de sa petite ville, les deux amants, à travers tous les dangers, au risque de toutes les misères, aient été chercher dans l'exil le droit de s'aimer et de souffrir ensemble, c'est une aventure qui, à cette époque de libertinage commode, pouvait avoir sa grandeur, et dont la singularité pouvait émouvoir les plus sages.

Mais, pour se faire excuser, absoudre, admirer peut-être, il faut que ces amours défendues aient, plus que d'autres, leur pudeur, leurs idéales tendresses, et cette inviolable fidélité qui doit tenir unis à jamais deux cœurs librement assujettis l'un à l'autre.

Ici, rien de pareil. Sophie de Monnier n'en était pas à sa première faute; et Mirabeau ne devait pas être son dernier amant.... Si l'on cherche ce qui l'a poussée dans ses bras, on ne trouve rien qui relève sa chute et l'ennoblisse : « Sais-tu ce qui te fait avoir des femmes?... Tu attaques leur tempérament. Tu les as sans qu'elles le veuillent. »

J'ai peur que, pour elle aussi, cet enchantement grossier n'ait été la seule cause de sa faiblesse. Elle en parle d'un cœur si détaché qu'on ne voit même pas qu'elle soit jalouse de ses rivales.

Si l'on interroge, avec elle, les souvenirs qu'elle a gardés de son bonheur, on rencontre sous sa plume de telles images, poursuivies avec une si déplaisante persévérance, que, pour ne pas s'en détourner avec dégoût, il faut se rappeler de quelles douleurs elle a payé ses plaisirs.

Quant à lui, lorsqu'il a connu Mme de Monnier, il avait traîné sa jeunesse dans les bonnes fortunes les plus banales, dans les plus vulgaires rencontres; portant de l'une à l'autre, avec une indifférence fougueuse, ce tempérament de fer qui était le secret mal gardé de ses conquêtes, et cette rhétorique licencieuse qui paraît avoir été la seule poétique de ses amours.

Mais ce n'est pas tout; et, ici encore, par un odieux alliage qui reparaît presque partout dans la vie de Mirabeau, l'argent se mêle aux élans suspects de cette passion équivoque; — l'argent du mari qui, d'abord, défraie les dépenses de l'amant, et qui va payer ensuite, d'étape en étape, les frais de route des deux fugitifs.

Ces honteux commerces n'étaient pas très rares à cette époque. Les chevaliers et les vicomtes de la comédie avaient dans le monde leurs modèles; et, en subvenant aux besoins ou aux fantaisies de cet amant magnifique, la marquise de Monnier ne faisait pour lui que ce qu'elle venait de faire pour un autre. L'ennui de vivre, l'occasion, la curiosité des sens l'avaient livrée à Mirabeau. L'intérêt, l'ambition, l'ennui d'aimer l'ont détaché d'elle. Sauf les premières années qui ont été la rançon et l'honneur de leur faute, ils ne se sont demeurés fidèles que pendant le temps où ils étaient dans l'impuissance de ne pas l'être.

Il y a du moins une époque où l'on aimerait à s'arrêter avec eux; où de durs et mutuels sacrifices relèvent et purifient leur amour; où l'on voit éclater enfin dans l'intelligence de Mirabeau cette crise juvénile qui annonçait la puberté puissante de son génie.

Les deux amants avaient trouvé en Hollande un asile; et, sauf les étreintes de la misère, ils s'y croyaient à l'abri de tous les dangers. Pendant près d'une année, logés à l'étroit dans une vieille maison d'Amsterdam, ils vécurent unis par la même tendresse, par les mêmes souffrances, et par ces illusions orgueilleuses qui, à défaut d'une plus sûre croyance, étaient pour eux les dieux inconnus de l'avenir.

C'est là que, sous l'aiguillon de la nécessité, changeant de tâche chaque matin, marchandant au jour le jour avec les courtiers et les libraires, sous des noms d'emprunt, le prix de son labeur et le salaire de ses veilles, Mirabeau a commencé cette effrayante production de brochures, de pamphlets, de livres et d'écrits de toute sorte qui, dès avant la Révolution l'avaient déjà rendu célèbre.

Trahis enfin par des imprudences inévitables, traqués par la police active du marquis de Mirabeau, livrés par le pays auquel ils étaient venus demander un asile, les deux exilés furent arrêtés le même jour et conduits, l'un au donjon de Vincennes, l'autre à Paris, dans une maison de refuge.

C'est là que, quelques mois après, Sophie de Monnier accouchait d'une fille; mais bientôt, cette enfant qu'elle avait à peine vue, mourait loin d'elle, emportant la dernière joie, le dernier orgueil qu'elle pût avoir dans ce monde.

Mirabeau resta enfermé à Vincennes pendant près de quatre années. A peine rendu à la liberté, on sait comment l'amant de Sophie rompit sans pitié cette autre chaîne. Au bout de quelques mois, à son heure, à sa convenance, quand survint une occasion commode, et alors que, déjà, il négociait sa paix avec sa femme, il alla trouver, à Gien, Mme de Monnier. Quelques nuits de plaisir usèrent les restes de cette passion qui, pendant quatre ans, avait fait tant de bruit dans sa tête, mais qui, malgré ses grands élans de tendresse, ne paraît pas avoir pénétré bien loin dans son cœur.

Quant à elle, on sait aussi les consolations désespérées qu'elle chercha dans d'autres amours; comment enfin, veuve et libre depuis longtemps, au moment où une lueur de vraie tendresse et de bonheur allait peut-être éclairer sa destinée, la pauvre abandonnée, lasse de vivre, mit fin elle-même à ses jours. C'était à l'heure où, comblé de gloire, Mirabeau arrivait à l'apogée de sa fortune.... Quelque jugement que l'on porte sur la femme qu'il a perdue, la vie et la mort de Sophie de Monnier doivent peser lourdement sur sa mémoire.

CHAPITRE IV

Mirabeau était entré au donjon de Vincennes au mois de mai 1777. Il en est sorti le 13 décembre 1780. Il avait alors trente et un ans. Sa jeunesse allait finir, sans que les passions qui l'avaient agitée eussent rien perdu de leur ardeur. La solitude n'avait fait que les pervertir. Mais les rigueurs excessives qu'il avait subies faisaient excuser des scandales payés si cher, et ses fautes disparaissaient à demi au souvenir des châtiments démesurés qu'il avait soufferts.

Il faut s'arrêter à cette date critique de sa vie, regarder en arrière, et considérer le travail patient qui, jour par jour, à travers les coups de vent et les bourrasques d'une existence démontée, avait mûri lentement cette grosse tête bien construite et mal gouvernée.

En donnant une place à Mirabeau parmi les *grands écrivains de la France*, les éditeurs de cette étude ont tranché d'ailleurs un peu vite une question assez douteuse. Elle vaut la peine qu'on l'examine.

A vingt ans, en revenant d'Ajaccio, le jeune lieutenant avait lu à son oncle une histoire de la Corse qu'il avait composée, disait-il, dans les loisirs de cette courte campagne, et qui avait émerveillé le digne bailli. De cette première œuvre il n'est rien resté, si ce n'est le soupçon d'une audacieuse supercherie, d'un de ces plagiats effrontés qui devaient faire si souvent le fond de ses écrits et le dessous de ses discours.

Peu de temps après, à Manosque, au moment où il venait de se colleter avec le comte de Villeneuve, il écrivait tout d'un trait une grosse brochure, l'*Essai sur le despotisme.*

« Je me repens, a-t-il dit plus tard, d'avoir mutilé un si beau sujet. » C'est ce sujet lui-même qu'il est difficile de bien saisir, à travers les citations et les digressions sans nombre sous lesquelles il le faut chercher.

Au début, c'est un traité de philosophie politique à la mode du temps, où résonnent des dissertations creuses « sur l'homme naturel, sur l'homme social », et sur l'origine des communautés humaines : une réfutation du *Contrat social* par un élève de Jean-Jacques....

L'homme « naturellement bon » a, naturellement aussi, « le désir et l'instinct du despotisme » ; cet instinct, « qui est le vœu constant de l'humanité », il le porte dans tous les gouvernements qu'il s'est donnés. La monarchie est le despotisme d'un seul. L'oligarchie féodale « est le despotisme réparti sur plusieurs têtes ». Quant aux républiques, « ces sortes de confédérations sont, peut-être, les plus despotiques de toutes ».

Cela dit en thèse et pour l'honneur des principes, l'écrivain se rassemble, se ramasse, et se jette tout entier sur l'ennemi qui est le plus à sa portée, qui le presse et le gêne de plus près, c'est-à-dire sur « le despotisme d'un seul », la monarchie absolue; pour tout dire : la royauté de son pays et de son temps.

Arrivé là, le philosophe fait place au politique, l'écrivain à l'orateur. La thèse devient une harangue et un pamphlet. Pamphlet véhément, où déborde, entraînant pêle-mêle des flots de lieux communs et de paradoxes, une verve puissante, pleine d'audace et de bon sens. Harangue incohérente et confuse, où, à travers la déclamation, perce déjà l'éloquence.

« Le despotisme est une manière d'être effrayante et convulsive;... un État despotique devient une sorte de ménagerie dont le chef est une bête féroce. »

Puis l'allusion cesse ; la pensée se précise, le trait va droit au but : « Le roi est un salarié, et celui qui paie a droit de renvoyer celui qui est payé. Si d'autres Français l'ont pensé avant moi, je suis peut-être le premier qui ait osé l'écrire. »

S'il rencontre sur sa route Richelieu, il ne s'arrête pas pour si peu; et reprenant, avec d'autres visées, contre cette grande mémoire, les griefs féodaux de l'*Ami des hommes* :

« Combien de fois ne l'a-t-on pas loué en France ? dit-il ; ces louanges lui seraient très justement acquises s'il avait été chargé de détruire la nation ; mais elles sont la honte de la France. Malheureusement, très malheureusement, Richelieu, Louvois et Colbert étaient des hommes de génie, et Mazarin lui-même avait de grands talents. »

Louis XIV ne l'intimide pas davantage : en quelques lignes, il fait du grand Roi et du grand règne un tableau qu'il faut retenir.

« Il fut, de nos jours, un roi qui trouva son autorité très ébranlée en apparence, car la moitié de ses sujets avait les armes à la main contre ses ministres ; mais elle était très solide, car elle était gravée dans le cœur de ses sujets. Il oublia les services des grands pour se souvenir des injures qu'ils avaient faites à son ministre, et les regarda comme personnelles. Il énerva toute autorité dont il n'était pas le collateur immédiat, parce qu'il ne voyait, de bonne foi, rien au-dessus de son autorité. Il sembla vouloir imiter les sculpteurs qui, d'un bloc de marbre ou d'un figuier, font un Jupiter. Il crut qu'avec *sa pleine puissance, son autorité royale* et *son bon plaisir*, il ferait d'un homme de robe un ministre de la guerre, d'un édit une source de richesses. Il réunit tout le nerf encore existant de la nation et le fit servir à sa gloire et à celle de sa maison qu'il détacha toujours, faute de lumière, de la gloire et des véritables intérêts de son État. Il vécut assez pour éprouver qu'il ne pourrait jamais suffire, par son autorité, à tout ce que faisaient les grands quand ils étaient répandus dans le royaume, et que l'autorité arbitraire affaiblissait ou détruisait tous les ressorts et n'en remplaçait aucun. »

La longue habitude de commander a corrompu le prince; la longue habitude d'obéir a corrompu le peuple. Quant aux « grands propriétaires, notables et magnats des provinces, rassemblés sous la main du Roi par l'appât du luxe et des honneurs, ils n'ont apporté dans la capitale que des ronces dorées. Dans cet ordre féodal, dont on a tant médit, c'était du moins une maxime constante que nul homme ne pouvait être taxé sans son consentement. »

Ainsi, à chaque effort de cet esprit en travail, on sent fermenter le levain séculaire qui, après avoir couvé sous les ruines des châteaux et des donjons démantelés par la monarchie, soulève, avec la poussière vengeresse de la féodalité vaincue, les germes rajeunis de la liberté populaire.

C'est la théorie arrogante du comte de Boulainvilliers; c'est la déclamation séditieuse du marquis de Mirabeau dans *l'Ami des hommes*; c'est, il faut le répéter, si étrange que ce rapprochement doive ici paraître, c'est « l'invasion des idées démocratiques dans un esprit féodal ».

Quant aux moyens de mettre un terme au despotisme, Mirabeau n'en propose nettement aucun.

« Il ne naît pas, en quatre siècles, quatre hommes capables de prévoir jusqu'où peuvent aller les innovations, d'où l'on peut conclure que les changements *constitutifs* sont rarement sans danger. »

Les « changements » qu'il semble vaguement entrevoir sont d'ailleurs de purs enfantillages : faites une bonne constitution, que le Prince et le Peuple lui obéissent fidèlement, et tout ira mieux.... « Laissez l'homme libre ; instruisez-le, rendez-le heureux, et fiez-vous à lui pour vous récompenser du mérite d'être justes. » C'est bien simple! un peu trop peut-être pour les hommes de notre temps qui savent, à l'épreuve, ce que valent ces chimères de la politique contemplative.

Ce qu'il faut louer dans cet essai turbulent, c'est le courant rapide des idées, le souffle vivant qui les pousse ; un patriotisme sincère, assez rare à cette époque, et qui donne à certaines de ces pages une véritable grandeur ; enfin, la variété, l'étendue des connaissances que ce jeune homme semble tenir en réserve et comme sous la main, sans qu'on puisse bien voir d'où elles lui ont pu venir.

Son style, bien moins personnel que celui de son père, moins expressif et moins rugueux, a presque toujours l'élan, l'harmonie flottante et suspecte du discours ; c'est la phrase oratoire, où le mouvement, le bruit et l'image tiennent plus de place que la pensée.

Ce que je dois noter aussi, pour y revenir plus tard, c'est l'habileté naturelle des agencements et des placages ; l'entassement des digressions et des citations, qui atteste de laborieuses lectures, mais qui, trop souvent, par ses prodigalités débordantes, irrite ou fait sourire.

Démosthènes, Cicéron, Tite-Live, César, Salluste, Juvénal, Tacite surtout dont il abuse à l'excès, tous y passent; Montaigne et Montesquieu comme les autres.... Un seul paraît oublié, à qui cet emprunteur insatiable devait pourtant bien un souvenir. Dans l'*Essai sur le despotisme*, le *Traité de la servitude volontaire*, le *Contre-Un*, n'est pas cité une seule fois. Et tandis que l'empreinte d'Étienne de la Boëtie se montre partout, son nom n'est écrit nulle part.

Mirabeau avait emporté son manuscrit en Hollande. Il le vendit 1500 livres à un libraire d'Amsterdam qui en tira beaucoup d'argent. Grâce à la vogue rapide de son ouvrage, l'écrivain en détresse reçut, de toutes mains, des commandes vulgaires, qu'il exécutait au jour le jour, d'une main fiévreuse et qui ne valent pas qu'on s'y arrête : préfaces, pamphlets, brochures politiques, manuels de franc-maçonnerie, recueils d'anecdotes, poèmes burlesques et nouvelles à la main,... littérature famélique que l'occasion faisait naître et qu'activait le besoin de vivre, *ingenii largitor venter*.

A côté de ces labeurs mercenaires, il faut noter cependant un écrit plein d'audace, où, sans autre souci que l'horreur du despotisme, Mirabeau défendait la plus touchante des causes et la plus juste.

Les insurgents d'Amérique venaient d'engager la

lutte; pour les combattre, l'Angleterre embauchait partout des soldats; et le landgrave de Hesse lui avait promis, moyennant finance, six cents de ses sujets : « Vous êtes vendus, s'écrie Mirabeau, et pour quel usage, justes dieux!... Pour attaquer des peuples qui vous donnent le plus noble des exemples. Eh! que ne les imitez-vous? Les hommes passent avant les princes,... n'oubliez pas que *tous* ne furent pas faits pour *un*; que celui qui commande un crime ne doit pas être obéi; et que votre conscience est le premier de vos chefs!... »

C'est aux *Hessois* que Mirabeau adresse cet *avis*; mais chacun, en France, le pouvait entendre.... Jamais on n'avait porté jusque-là l'audace de parler et d'écrire. Et si l'on veut savoir quel accueil trouvaient ces idées dans les classes les plus proches du trône, on peut mettre à côté de cette harangue enflammée les simples lignes que l'*Ami des hommes* écrivait quelques années plus tard au marquis de Longo : « La lâtrie est d'instinct pour l'homme, et surtout pour le peuple germain, comme la domesticité pour le chien. Le landgrave de Hesse ayant vendu ses troupes aux Anglais, fut obligé de les aller embarquer lui-même. Ces colosses se soulevaient, presque à chaque départ, contre leurs officiers. Et sitôt que le petit singe paraissait, tout cela se prosternait en bataille.... » Voilà un mot qui en dit plus que bien des discours.

A tous les travaux qu'il entreprit en Hollande, Mirabeau ajoutait, il faut bien le dire, une moins avouable industrie. C'était l'époque où le marquis et la marquise de Mirabeau s'étaient ouvertement déclaré la guerre. La marquise avait formé sa demande en séparation de corps, et l'on plaidait devant le parlement de Paris. Pour contenter ses propres rancunes et en tirer un parti convenable, Mirabeau, par l'entremise de Mme de Cabris, devint l'allié de sa mère et mit sa plume à son service. D'Amsterdam, il envoyait en France et en Angleterre les écrits les plus injurieux contre l' « *Ami des hommes*, qui n'était celui ni de sa femme, ni de ses enfants ». C'étaient tantôt une « anecdote à ajouter au nombreux recueil des hypocrisies philosophiques », tantôt des mémoires en règle et un « précis » juridique où il accumulait les griefs contre « le plus mauvais des maris, le plus dur et le plus dissipateur des pères », s'excusant seulement auprès de sa cliente de n'en pas dire assez. « J'aurais pu faire mieux si j'avais eu plus de temps; mais il y a de la chaleur, et j'espère que vous ne serez pas mécontente. »

Mirabeau commençait ainsi cette odieuse campagne où, passant effrontément d'un camp dans l'autre, changeant, suivant le profit, de client et de dossier, il allait servir et trahir tour à tour les deux parties dont il ne pouvait être ni le défenseur, ni le témoin, ni le juge.

CHAPITRE V

En Hollande, il écrivait pour vivre; à Vincennes, pour ne pas mourir; pour échapper à l'ennui, à la folie, aux mornes tentations de la solitude; jetant à travers les murailles et les barreaux du donjon muet des appels désespérés à la liberté; cherchant à tromper, par d'ardentes images, la continence de ses passions enchaînées et les loisirs tumultueux de sa jeunesse inassouvie.

A Amsterdam, il avait ouvert un atelier et une boutique de littérature; à Vincennes, ce fut une usine. Dès le lendemain de sa mort, la trouvaille suspecte d'un spéculateur sans scrupules en avait livré au public tous les produits; amas prodigieux de dévergondage et d'éloquence, de basses besognes et de nobles études, d'écrits touchants et de libelles obscènes; cuvée de passions, de vices et de génie qui, durant quarante-deux mois, avait bouillonné dans cette tête en feu, et qui en débordait sans cesse avec les déchets, les bavures et les scories de la fournaise.

Je n'ai rien à dire des banalités laborieuses à l'aide desquelles le malheureux tuait le temps et usait sa chaîne. Il suffit de donner la liste abrégée de ces ouvrages éphémères : des traductions de Tibulle, de Tacite, de Boccace; un Essai sur les élégiaques; les Baisers de Jean Second; une tragédie classique, une comédie bourgeoise; une histoire de Philippe II; un Essai sur la tolérance; un mémoire sur les lettres de cachet qui fait suite à l'Essai sur le despotisme; enfin, deux ou trois pastiches insipides des pires libertinages de Voltaire.

Mais, dans le catalogue de cette bibliothèque en désordre, il faut noter deux œuvres, où l'homme, l'écrivain et l'orateur se font mieux connaître. La première comprend les lettres et les mémoires adressés au lieutenant de police, à M. de Malesherbes, au marquis de Mirabeau et à d'autres. La seconde, la plus connue et, à mon sens, la plus mal jugée, contient la correspondance avec Mme de Monnier, les *Lettres à Sophie*.

Parmi les mémoires que le prisonnier faisait parvenir à son père et à M. Lenoir, plusieurs sont des chefs-d'œuvre de raison, de passion et d'éloquence. J'ai entendu beaucoup de plaidoyers dans ma vie; j'en connais peu qui, à les lire, restent aussi forts, aussi habiles, aussi mordants, aussi pathétiques surtout, malgré l'emphase qui gâte presque tous les écrits de cette époque. C'est l'œuvre d'un avocat incomparable, plaidant une cause où se joue toute sa vie; c'est le cri de la chair qui pâtit, de l'intelligence qui étouffe, de l'âme qui, se sentant peu à peu dégrader et avilir, se redresse sous la main du geôlier et se relève vers la liberté.

Quant aux *Lettres à Sophie*, ceux qui, sur la foi d'une légende surannée, y cherchent seulement des images licencieuses et des excitations dépravées, doivent éprouver, en les lisant, quelque mécompte. Non pas que cette correspondance fameuse soit un modèle de chasteté. On y trouve, à souhait, des tableaux dont le réalisme scrupuleux ne laisse rien dans l'ombre; mais nous sommes aujourd'hui blasés sur ces hardiesses; et, chaque matin, nos romans à la mode nous en montrent, dans une seule page et dans un seul jour, cent fois plus que ne le fait, en quatre années, le calendrier de ces orageuses amours. Vice pour vice, j'aime mieux les emportements juvéniles de ce Provençal de vingt-huit ans, violent et robuste, arraché brusquement des bras de sa maîtresse, que l'érotisme laborieux de ces écrivains tranquilles qui, aux dépens du public et au profit de leur renommée d'un jour, arrangent à loisir, dans des pages lucratives, leurs savantes lubricités.

Ce qui serait, à la charge de Mirabeau, un crime sans excuse, ce serait d'avoir livré lui-même au public les secrets de ces ardentes intimités; mais malgré quelques incertitudes, il ne paraît pas que sa mémoire doive rester entachée de cette félonie. C'est assez que, dans des *dialogues* composés à loisir, il ait arrangé, sans qu'on voie clairement dans quel dessein, le roman falsifié de son amour.

Si ces lettres d'il y a cent ans ont encore pour nous quelque prix, ce n'est pas par l'attrait d'une passion plus bruyante que profonde; c'est par le mouvement et la multitude des idées qui, pêle-mêle, jaillissent de cet esprit mobile; c'est par les digressions qui, à chaque ligne, traversent cette rhétorique enflammée, et que soulève çà et là le souffle vivant de l'éloquence.

Dans les épanchements désordonnés d'une intimité qui n'a rien à taire, on peut entrevoir tout ce qu'était alors Mirabeau; ce qu'il croyait, ce qu'il sentait, ce qu'il pensait sur toutes choses; sur les affaires de ce monde, et de l'autre.

Ce qu'il croit?... Rien! Il est matérialiste résolu, tranquillement athée, sans tapage, sans violence, sans bravades. Dans l'*Essai sur le despotisme*, on le pouvait déjà pressentir. Ici, rien de plus clair ni de plus simple : la messe et le prêche, le talmud ou le coran, pour lui c'est tout un. « Je n'aurai jamais de querelle avec personne sur un sujet si peu important.... Celui qui ne croit rien en passe sans scrupule par tout ce que l'on veut, pour être tranquille, pourvu qu'on n'exige de lui que ces momeries qui ne font ni bien ni mal à personne. » Et ailleurs : « Au moment où nous finirons, tout notre être finira avec nous.... Pourquoi te faire un être fantastique, pour en obtenir le pardon de fautes que tu n'as pas commises? »

Si on lui oppose tant de grands hommes qui ont

été de grands croyants, et « de très habiles gens qui ont été de bons chrétiens » ; si on lui objecte la foi désespérée de Pascal ou la raison enflammée de Bossuet, « il n'est pas sûr du tout de leur sincérité, ni qu'ils se soient persuadés eux-mêmes ». Tous ces grands disputeurs se sont laissé séduire par l'orgueil de controverse, et à force de « chercher des preuves d'un être fantastique, leurs yeux ont dû se fasciner et s'éblouir ».

A propos de ces *momeries* dont il fait ailleurs si bon marché, son indifférence superbe s'anime parfois et s'échauffe. Il appelle crûment la liturgie un jargon, la messe un « tissu de solécismes » ; et, quant aux moines, aux prêtres, même aux simples dévots, il se répand contre eux en invectives si violentes, qu'il serait malséant d'en citer aucune.

Bien moins encore faut-il parler d'un pamphlet ennuyeux, sans invention, sans esprit et sans goût, l'*Erotika Biblion*, abominable fatras de lourds blasphèmes, dont aucun mérite littéraire ne relève les plates obscénités. Il n'en fallait pas tant pour justifier ce que disait le marquis de Mirabeau sur « l'irréligion natale de ses enfants ».

Ce qu'il pense sur les origines et les fins de l'humanité? rien! Il est philosophe à la mode de son temps, à la façon de Diderot et de Voltaire. Certaines pages de ses lettres pourraient retourner à l'*Encyclopédie* ou au *Dictionnaire philosophique*, d'où son étonnante mémoire les a tirées. C'est un panthéisme confus où « la nature » tient toute la place que Dieu laisse vide. La pensée humaine est un accident dont l'anatomie n'a pas encore reconnu la cause ; l'âme de l'homme, une *entité* animale perdue dans l'ensemble de cette immense zoologie où tous les êtres vivants se confondent. « La nature songe aux espèces, et s'occupe assez peu des individus. »

La morale de Mirabeau n'est guère plus sûre que sa métaphysique. A travers ses déclamations sentimentales, quelques grands mots vagues reviennent souvent : « honneur, humanité, vertu » ; témoins incertains de cette conscience obscure ; jalons flottants d'une route mal tracée, où les traditions, les mœurs, les longues habitudes, les préjugés salutaires d'une grande civilisation ont, malgré lui, laissé leur trace. Mais quand il s'écarte un peu de ces lieux communs de pure convenance, quand, sous ces mots d'emprunt, il cherche le fond de sa pensée, il tombe à chaque instant dans de grands trous et perd pied dans des fondrières.

Son « humanité » ne va guère au delà de lui-même. L'intérêt seul est la règle de nos affections et la mesure de nos devoirs : « Les noms de père, de frère et de sœur ne sont que des mots ; et les liens du sang sont très chimériques.... De bonne foi, le hasard qui, de la conjonction de ma mère et d'un homme quelconque, fit naître un individu, m'impose-t-il beaucoup de devoirs ? »

Cette « conjonction », cependant, l'a fait gentilhomme ; et sans cesse il le rappelle. Mais ce gentilhomme a, sur « l'honneur », des idées un peu confuses; et sa rixe avec le vieux comte de Villeneuve, sur laquelle il se complaît à revenir, lui paraît un exploit où les règles de la chevalerie n'ont rien à reprendre.

Quant à la « vertu », il l'entend à sa manière, qui n'est pas celle de tout le monde. Il est marié; Sophie l'est aussi. Presque à chaque page, il met sous nos yeux la peinture ardente de leur amour, les détails les plus secrets de leur bonheur. Puis, tout à coup, il s'arrête : « O ma Sophie, toi la plus chaste des amantes, toi la plus vertueuse des femmes, je suis plus amoureux de tes vertus que de tes charmes.... »

Morale déclamatoire et vide, matérialisme philosophique, négations religieuses, il n'y avait rien là, d'ailleurs, qui fût très original ni bien nouveau. C'est toujours Jean-Jacques qu'il faut chercher au fond de ces esprits troublés et de ces âmes malades : « Charme inexprimable de la vertu, écrit Saint-Preux à Julie! force invincible de la voix qu'on aime! bonheur! plaisir! transports! que vos traits sont poignants! Eh! si j'adore les charmes de ta personne, n'est-ce pas surtout par l'empreinte de cette âme sans tache qui l'anime? »

Quant à l'incrédulité de l'amant de Sophie, c'est une sorte d'indifférence verbeuse qui flotte entre le déisme champêtre du Vicaire savoyard et l'athéisme tranchant de M. de Wolmar : « Il vit que tout consistait en vaines simagrées,... et rejetant à la fois tout ce qui venait d'une autorité si suspecte, forcé d'être impie, il se fit athée.... » *Momeries, simagrées*, ce sont presque les mêmes mots. On distinguerait difficilement l'original de la copie.

Peut-être est-il bon d'ajouter qu'après avoir écrit à Sophie que « tout finit avec nous », Mirabeau composait un sermon « sur l'Immortalité de l'âme », à l'usage d'un clergyman à court d'éloquence....

A travers ces aberrations que l'excès de ses maux doit faire excuser peut-être, l'esprit de ce moraliste douteux garde toute sa vigueur; et un prodigieux bon sens éclaire, de loin, cette âme en désordre. A chaque souffrance nouvelle, à mesure que se prolonge son intolérable captivité, la politique le prend de plus près et l'attire. Du haut de son donjon, il porte sur le pouvoir des rois, sur les droits des sujets, plus loin encore, sur les alliances nécessaires de la France et sur le droit public tout entier, des vues dont l'audace prophétique nous confond. On se demande comment, sous un gouvernement absolu, un prisonnier d'État osait écrire de telles pages; comment, après les avoir lues chaque jour, un magistrat vigilant et tout-puissant pouvait les laisser passer sans obstacles.

Ce qu'il faut retenir encore, dans ces lettres, ce sont les jugements que Mirabeau porte sur lui-même, qui le devancent et l'annoncent, de loin, sur la scène où il doit paraître. « Pour moi, j'étais né avec le germe de tous les talents militaires, quelque esprit, beaucoup d'audace, et une âme très énergique; avec cela, on trouve sa place. On me disait, il n'y a pas longtemps, que j'étais fait pour jouer un rôle. Oui, j'étais fait pour cela; et certes, je le sais mieux qu'eux, qui ne connaissent de moi que la raboteuse surface d'un jeune homme longtemps fougueux et aujourd'hui cabré par l'infortune. Mais ils n'ont pas voulu de moi quand j'ai voulu d'eux. Eh bien! qu'ils aillent au diable! Je leur dis à tous qu'ils ne savent pas quel cœur ils déchirent, quel homme ils dédaignent, et qu'ils n'en connaîtront jamais le prix.... La politique, dont je faisais mon étude, me dégoûte. Je ne puis supporter que les hommes fassent tant de sacrifices et commettent tant de crimes pour des intérêts qui me paraissent si petits.... »

A quoi tiennent les destinées! Lorsqu'aux premiers jours de sa captivité, Mirabeau écrivait ces lignes hautaines et notifiait à la politique ce congé dédaigneux, il était peut-être sincère. Si on l'avait laissé libre, livré à ses passions, à ses vices, aux emportements d'une jeunesse avide de tous les hasards et de tous les dangers, il se serait lui-même détruit en peu de temps, sans autre éclat que le bruit vite oublié de quelques équipées scandaleuses. Mais, en l'arrachant à cette vie d'aventures, en le condamnant à penser seul pendant plus de trois années, à mesurer ses forces et à creuser lentement son génie; en faisant peser sur cet otage dangereux les abus d'un pouvoir caduc qui, malgré ses forteresses et ses geôliers, ne savait pas même l'empêcher de parler et d'écrire, le despotisme forgeait, de ses mains, les traits qui devaient le frapper un jour. Il armait pour la lutte prochaine le plus redoutable de ses ennemis.

CHAPITRE VI

Cette dure captivité devait pourtant avoir un terme Le comte de Mirabeau était l'aîné de sa famille; après son père, le chef de sa maison. Il venait de perdre, presque en même temps que sa fille illégitime, le seul enfant né de son mariage, un fils qui devait, après lui, continuer sa lignée. A cette race orgueilleuse « qui n'avait jamais connu de mésalliance que celle des Médicis », il fallait un autre rejeton. Peu importaient les querelles et les rancunes des deux époux. La race et le nom ne pouvaient s'éteindre. Mirabeau lui-même ne l'entendait pas ainsi. Autant qu'aucun des siens, il était entêté de sa noblesse; et quand, pour prix de sa liberté, son père lui enjoint de reprendre sa femme, afin « d'en tirer progéniture et de provigner », l'habile politique a beau dire d'abord « qu'il ne veut pas faire l'étalon », il n'en pousse pas moins l'affaire avec ardeur, laissant entendre qu'il est prêt à tout, et se vantant, avec ses fanfaronnades coutumières, de ne pas rester, dans cette entreprise curieuse, au-dessous de sa renommée. Il n'est pas jusqu'à la pauvre Sophie qui, persuadée par ses adroits paradoxes, ne lui pardonne d'avance — en le plaignant — cette désagréable infidélité.

Un obstacle imprévu devait faire échouer de si honnêtes projets. Séparée de son mari depuis neuf ans, la comtesse de Mirabeau avait pris en patience son demi-veuvage et usait gaiement de sa liberté. Obligée de solliciter, par bienséance, la grâce du prisonnier, elle avait apporté dans ses démarches un zèle discret dont tant d'amers souvenirs faisaient excuser la nonchalance, et auraient, au besoin, tempéré l'ardeur.

Mais quand Mirabeau, libre enfin, tomba lourdement au milieu des fêtes galantes d'Aix et du Tolomet, il y eut un soulèvement d'impatience contre ce revenant fâcheux qui, là comme ailleurs, suivant l'expression très juste du Bailli, était « un inconvénient perpétuel pour tout le monde ».

Lui seul n'était nullement embarrassé de son personnage ; et avec une aisance intrépide, sans douter un instant de l'accueil empressé qui l'attendait, il annonçait à sa femme le retour du mari gênant dont une si longue absence ne pouvait pas, disait-il, lui faire oublier la tendresse....

Ces avances hardies restèrent inutiles ; des lettres pressantes, pleines de galanteries surfaites et d'adjurations pathétiques, lui furent renvoyées sans réponse. Enfin, sommée judiciairement de revenir à la vie commune, la comtesse de Mirabeau prit un parti décisif : elle s'adressa à la Justice et demanda sa séparation. Elle avait pour conseil Portalis, un des avocats les plus renommés du barreau d'Aix.

Le procès commença par une escarmouche dont Mirabeau sortit vainqueur. Il avait plaidé sa cause lui-même, avec un succès éclatant. C'était la première fois qu'il parlait en public et qu'il voyait la foule face à face. Portalis paraît avoir joué, dans ces premières audiences, un rôle assez effacé. « Il n'a fait que balbutier », écrit le Bailli fasciné par l'éloquence de son neveu.

Mais, bientôt, l'appel de la comtesse fit revenir devant le Parlement le procès tout entier. La lutte fut acharnée. Cette fois, il ne paraît pas que Portalis ait « balbutié », ni surtout qu'il ait manqué d'adresse.

Il avait contre son adversaire des armes terribles. C'étaient les souvenirs récents de tant de scandales légendaires : le procès de Grasse, dans lequel Mirabeau était inculpé d'une tentative d'assassinat ; le procès de Pontarlier pour « rapt et séduction », dans lequel on avait commencé par l'exécuter en effigie, et qu'une transaction boiteuse venait d'éteindre ; la clameur des ennemis puissants qu'il semblait avoir ameutés comme à plaisir sur sa route ; le témoignage de ses parents eux-mêmes, qui, tour à tour, l'avaient jugé sans pitié ; enfin vingt lettres de l'*Ami des hommes* où, entre autres aménités, il traitait « ce

Caton de nouvelle fabrique, de scélérat achevé qu'il fallait soustraire au souvenir des humains ».

Que pouvait être le mari qui avait été un tel fils, et dont son père disait en trois mots : « singe, loup ou renard, tout lui est bon » ?

Vainement le malheureux père fit des efforts désespérés pour reprendre ses lettres et pour arrêter le procès. Ses plaintes et ses conseils se perdirent dans le bruit de ces passions déchaînées. Il vit arriver la catastrophe sans la pouvoir conjurer; et n'ayant plus que le choix des humiliations, défenseur attardé de ce fils dont ses propres écrits le faisaient le plus redoutable accusateur, il fut, malgré lui, traîné sur la scène, comme le comparse sacrifié de cette odieuse tragédie.

Quant à Mirabeau, acculé à son passé, excité par la lutte, dévoré par cette fièvre de parler, de paraître et d'agir qui était comme le feu intérieur de son génie, il s'était jeté tête baissée dans la lutte.

Si l'on veut connaître d'un seul coup tout ce que peuvent soulever d'ignominies ces procès qui livrent au public les secrets d'un ménage divisé et d'une famille désunie, il faut lire les débats de cette affaire. C'est un de ces drames domestiques comme en ont vu les hommes de mon âge, qui d'ordinaire annoncent de près la fin d'un règne et font songer à la fin d'un monde.

Le procès, les plaideurs, les avocats, les juges ont fait le sujet de bien des écrits et de bien des discours. Parmi tant de figures curieuses, je ne cherche que Mirabeau. Son vaste personnage emplit d'ailleurs toute la scène. Il écrit, il plaide, il se défend, il accuse; et, oubliant peu à peu toute mesure, il perd par son éloquence maladroite une cause qu'un avocat médiocre aurait gagnée.

Son ironie mordante n'épargne personne. Il raille durement M. de Marignane, « ce père trop hospitalier dont le logis, plus voluptueux que la maison de Lucullus, offre un accès commode à l'amant de sa fille ». L'avocat de sa femme est un « marchand de mensonges »; et, quant à ses juges, s'il parle de leur impartialité, c'est pour faire entendre, sans trop de détours, qu'il sait d'avance par qui « sera dicté leur arrêt ».

Après quelques allusions assez claires à l'infidélité de sa femme, il ne comprend pas que le mari, que l'homme doit s'arrêter là. Il cède au plaisir oratoire d'achever son triomphe; et montrant la lettre dans laquelle Mme de Mirabeau avait écrit l'aveu de sa faute, il la lit tout entière, — sans demander d'ailleurs la séparation —, ajoutant ainsi une injure inutile à tous les griefs accumulés contre lui.

C'était une faute irréparable, que, dans une autre audience, il essaya vainement d'atténuer. Empêtré dans les ratures de son manuscrit, il n'eut ni l'adresse de parler sans rien dire, ni le courage de se taire. Ce qui restait de sa harangue suffit pour couper court à des accords auxquels les magistrats prêtaient de bonne grâce leur appui. Quelques gaucheries de surcroît assurèrent sa défaite, et, le

5 juillet 1783, le Parlement lui fit perdre son procès.

J'ai parlé du manuscrit de Mirabeau; nul doute, en effet, que, suivant l'usage du temps, son plaidoyer ne fût entièrement écrit d'avance. Il est trop aisé de reconnaître les artifices laborieux qui prêtaient à cette déclamation superbe les couleurs et le mouvement de la vie. Ce qu'on a peine à concevoir aujourd'hui, c'est comment, leur cahier à la main, lisant et récitant tour à tour, les avocats et les orateurs de ce temps-là pouvaient ajuster ainsi, sans qu'il en coûtât rien à leur succès, les morceaux dépareillés de leur éloquence.

Non seulement Mirabeau avait écrit son discours, mais d'autres y avaient mis la main avec lui; notamment l'avocat Jaubert, précurseur des Étienne Dumont, des Clavière, des Target, des Pellenc, des Reybaz, de tous ces collaborateurs bien choisis dont le grand orateur devait, plus tard, emprunter si largement le talent et le savoir. « Il avait, dit Villemain, des ouvriers qui travaillaient à son éloquence. » Les vivants et les morts, tout lui est bon, tout lui sert. Bossuet lui-même n'est pas à l'abri de ses larcins; et, dans cette scandaleuse dispute de ménage, on est tout étourdi de rencontrer, avec une variante qui ne fait que rendre le plagiat plus grossier, un fragment classique de l'oraison funèbre de Mlle de la Vallière.

Ce qui reste de ce débat, c'est le souvenir d'un plaidoyer magnifique qui, malgré de lourdes fautes, égale, à mon sens, les plus beaux modèles.

Une méthode solide, une dialectique robuste forment la charpente et comme l'ossature de l'édifice. L'emphase, qui, par endroits, enfle pesamment le discours, disparaît dans l'élan qui l'entraîne, et quant aux invectives inopportunes dont j'ai parlé, le souffle qui les emporte est si rapide qu'on n'a pas le temps de voir qui elles vont frapper. Si elles sont retombées sur l'orateur et sur sa cause, qu'il ne tenait peut-être pas beaucoup à gagner, les applaudissements de la foule avaient d'avance vengé l'artiste de la défaite du plaideur.

CHAPITRE VII

Depuis ce procès mémorable, six années s'écoulent encore avant que la politique prenne Mirabeau tout entier. Mais chaque jour elle l'attire davantage et l'engage de plus près.

L'arrêt qui le séparait de sa femme avait brisé le dernier lien qui le retenait à la classe où il était né. A la barre du parlement d'Aix, les acclamations des petites gens, des clercs de la basoche, des « aboyeurs de la chicane », lui avaient fait entrevoir une force inconnue dont il s'était senti le maître, et qu'un jour peut-être il pourrait, sans trop d'effort, assujettir à sa fortune.

Entouré d'une clientèle recrutée d'avance dans les bas quartiers de la ville et sur le cours du roi René, il avait fait, dans ce prétoire tumultueux, l'apprentissage de la popularité; popularité de province, clientèle de faubourgs et de Palais qui contentait, faute de mieux, cette âme bruyante, avide de louanges, presque aussi facile sur la qualité de ses succès que sur le choix de ses plaisirs.

Bientôt enfin, pour dépayser sa mauvaise renommée, peut-être aussi pour goûter sans contrainte les premières douceurs d'une liaison nouvelle, Mirabeau passait en Angleterre avec Mme de Nehra, la seule femme qui ait mis, pendant un temps, quelque dignité dans cette vie d'aventures, et qui ait fait pénétrer dans cette âme épaisse une lueur de tendresse et d'amour.

Là, pour la première fois, il eut sous les yeux le spectacle d'un pays libre, où, malgré des préjugés séculaires et des privilèges de race auxquels la nation tout entière attachait son orgueil, le pouvoir appartenait, entre tous, aux plus hardis et aux plus habiles. Il ne paraît pas qu'il se soit épris autant que d'autres de cette constitution si vantée; mais à la Chambre des communes, il vit un ministre de vingt-trois ans gouvernant, sous un roi sans grandeur, la politique de son pays, et débattant en maître, avec ses rivaux, les affaires du monde. En écoutant William Pitt, il dut sentir ce que, dans une démocratie patricienne, le prestige d'un nom célèbre ajoute au pouvoir de l'éloquence, tandis qu'aux acclamations qui saluaient les discours de Fox et de Sheridan, il pouvait mesurer le peu que pèsent les vertus ou les vices des hommes dans la morale aveugle et sourde des partis. Il n'en fallait pas tant pour rassurer une conscience moins robuste que la sienne et pour faire disparaître à ses yeux tous les obstacles qui, dans son passé, pouvaient gêner son avenir.

Maintenant, il a trouvé sa route. Il s'y engage d'un pas sûr.

Comme le père est l'ami des hommes, le fils est l'ami des peuples, le précepteur des rois, l'homme d'État désigné de toutes les républiques, le ministre consultant de toutes les monarchies. Il adresse des conseils à la Suisse, des avis aux Bataves, des enseignements aux Hessois, des avertissements aux Américains, des remontrances à l'empereur d'Autriche, et des leçons de politique au roi de Prusse. Mais c'est à la France qu'il garde le meilleur de son éloquence.

Politique, finances, guerre, commerce, agriculture, industrie; depuis des plans de constitution jusqu'aux embellissements des villes et à l'architecture des théâtres, tout ce qui passe à portée de sa plume, il faut qu'il y touche, qu'il l'examine, le critique et le corrige; que ce brouillon de génie dise sur tout son avis en maître. C'est la mouche colossale de ce coche vermoulu, qui bourdonne autour des chevaux, gourmande le cocher, harcèle l'équipage, pousse aux roues, « fait avancer la machine », et la fait verser enfin dans la fondrière d'où l'on verra ensuite à la tirer pour la remettre à neuf et la reconstruire de toutes pièces.

Dès son retour de Londres, il entre dans la lutte par les questions d'argent et d'affaires. Criblé de dettes, il croit avoir ses raisons pour s'y connaître. Le hasard lui vient en aide, et l'occasion semblait l'attendre.

Law était mort depuis cinquante ans, et le *système* avait sombré dans une épouvantable débâcle; mais l'agitation qu'il avait fait naître avait survécu à ce désastre; de tant de ruines était sortie cette force inconnue qui devait un jour fonder le crédit public et la fortune mobilière de la France.

Chassés de leur pays par les discordes de leur petite république, des banquiers genevois avaient apporté à Paris les secrets et les ressources de leur opulente industrie. Clavière, Panchaud, Necker, avec eux bien d'autres encore, propageaient autour d'eux, avec le crédit de leur bonne renommée, l'exemple contagieux des gains rapides.

Bien des gens ne voyaient pas sans défiance cette bande d'émigrés laborieux et corrects, sentencieux et durs, qui, non contents de s'enrichir honnêtement dans un temps où la misère publique était à son comble et où les coffres du Roi étaient vides, se poussaient peu à peu, par d'adroites entremises, dans les grands emplois de la politique, et dirigeaient vers le gouvernement de l'État l'ardeur austère de leur ambition calviniste.

Il se fit contre eux, dans de certains esprits, un mouvement semblable à celui qui s'est fait naguère contre des financiers d'une autre Église et des publicains d'une autre foi. Peut-être était-ce, seulement, l'irritation que fait naître dans une société dépensière, envieuse et gênée le spectacle déplaisant du travail, du succès et de la richesse. « Ne pouvant y atteindre, vengeons-nous à en médire », a dit Montaigne en parlant de la grandeur.

Peu à peu cependant, écu par écu, la vieille épargne française, casanière et défiante, entr'ouvrait ses cassettes à grosses serrures et ses tiroirs à secret. Tout conspirait contre sa prudence.

Tandis que l'État, à moitié ruiné par les gaspillages et les défaites du dernier règne, épuisé par les armements généreux de la guerre d'Amérique, multipliait les emprunts pour remplir au jour le jour ses caisses vides, des spéculateurs habiles tentaient le public par des annonces pleines de promesses, et par l'appât bruyant de leurs combinaisons infaillibles.

Dans ces temps d'innocence financière, on comptait jusqu'à trois banques par actions! C'était plus qu'il n'en fallait pour faire sortir des coffres-forts des bourgeois de Paris les vieux louis d'or échappés, un demi-siècle auparavant, aux écueils du Mississipi. Mieux valait encore prêter son argent au Roi contre une rente que de le laisser prendre à fonds perdus par l'impôt. Mieux valaient les bons de la *Caisse d'escompte*, de la *Société des Eaux*, voire les actions de la *Banque de Saint-Charles* et de la *Compagnie des Philippines*, cautionnées par le patronage tranchant de M. de Calonne, que l'encaisse stérile et les lentes économies dont s'était contentée la sagesse étroite des gens d'autrefois.

C'étaient là du moins les amorces à l'aide desquelles des financiers et des publicistes sans scrupules attiraient l'argent du public. Mais bientôt après, comme aux plus beaux jours du *système*, un agiotage effréné enflait et dégonflait tour à tour les titres surmenés de ces aventureuses entreprises. Les actionnaires ruinés criaient vengeance; et, comme toujours, la misère furieuse des petites gens s'en prenait au gouvernement des déceptions contre lesquelles il n'avait pas su les défendre.

Mirabeau, comme presque tous les prodigues, avait pour la fortune publique une irrésistible sollicitude. Il se précipita dans la mêlée. Il y apporta, avec la furie de son tempérament indomptable, le cynisme ingénu et l'intrépide admiration de soi-même qui était un des signes particuliers de sa race. « Quand on sait bien ses quatre règles, écrivait-il à Chamfort, qu'on peut conjuguer le verbe avoir, et qu'on est laborieux, on est un aigle en finances. »

Coup sur coup, en cinq mois, il publia cinq ouvrages dans lesquels, avec une vigueur sans égale, il combattait la hausse effrontée des actions et les agioteurs qui menaient cette campagne. « Je faisais fléchir à mon gré le balancier de la Bourse, écrit-il à son père; j'ai déjoué l'agiotage sous toutes les formes, et j'ai fait rebrousser les Philippines. »

Est-ce de son chef, en enfant perdu de la morale publique, qu'il s'était jeté dans la bataille? non pas. C'est M. de Calonne « qui l'a lancé ». Mirabeau le dit lui-même dans vingt endroits. Il écrivait sur des notes secrètes que lui faisait passer le ministre.

Était-ce un service payé qu'il rendait ainsi à l'État, et à des amis puissants engagés dans ces affaires ? Il s'en défend trop mal pour qu'il soit permis d'en douter. Était-il pour cela, comme l'en accusait son père, « taré de vénalité », et avait-il vendu sa conscience avec sa plume? Je n'en crois rien. Sa conscience était d'accord avec son profit. Il soutenait, moyennant salaire, une cause qu'il croyait juste. Mais, même pour un homme politique, une mauvaise réputation est parfois un bagage incommode; et c'est le malheur de Mirabeau qu'à chacun de ses actes, de ses écrits ou de ses discours, on soit obligé de se demander si ce gagiste éloquent ne sert pas à contre-cœur la cause qu'il plaide et le client qui l'emploie.

Parmi ses ouvrages financiers il y avait, en outre, des plagiats effrontés, ou plutôt des larcins véritables. Un de ces écrits apocryphes fut vendu deux fois sous deux noms différents : d'abord au ministre, sous le nom de Mirabeau; ensuite à un libraire, sous le patronage posthume de Turgot. Ils ne l'avaient fait ni l'un ni l'autre. L'ouvrage était tout entier de Dupont de Nemours! mais le hardi plagiaire ne sut pas prendre ses sûretés; et les plaintes de l'auteur dépouillé n'ajoutèrent rien à sa gloire.

« Lancé » d'abord par M. de Calonne, bientôt après, l'aimable ministre l'immolait en souriant aux intérêts changeants de sa politique, supprimait, d'une main légère, les pamphlets qu'il lui avait lui-même commandés, et, pour défendre la Compagnie des

Eaux, rentrée en grâce, « déchaînait contre lui ce saltimbanque de Beaumarchais ».

Mirabeau se promit une vengeance mémorable, et, prenant corps à corps le ministre qui l'avait ainsi « déserté », il lui écrivit une lettre véhémente où l'on trouve, au milieu de prolixités insupportables, le portrait le plus ressemblant qui ait jamais été tracé de cet homme d'État présomptueux, fuyant et frivole. « On croit trop aisément que vous savez ce que vous comprenez; que vous comprenez ce que vous écoutez d'un œil spirituel et fin; que l'on vous décidera facilement à ce qu'on vous a démontré. Ce sont autant d'erreurs. Uniquement occupé... d'échapper à la difficulté du moment, de trouver les moyens d'être ministre demain, sans savoir comment vous le serez dans huit jours, vous voulez des expédients et non pas des conseils, des prôneurs et non pas des amis, des louanges et non pas la vérité. Pourvu... que vos coteries vous encensent et que vos obsesseurs ne vous grondent pas, que votre inexprimable légèreté rencontre des distractions, et que rien ne vous arrache à vos plaisirs, les affaires vont toujours assez. »

Voilà bien le portrait vivant de M. de Calonne;... d'autres pourraient s'y reconnaître.

Ce qui gâte un peu cette verte semonce, d'abord c'est qu'elle est prudemment datée de Berlin; ensuite, c'est que cette lettre ne parvint jamais à son adresse.

Comment Mirabeau se trouvait-il à Berlin au

moment où le grand Frédéric allait mourir? A quel titre put-il obtenir des audiences presque familières du vieux roi? Comment enfin, quelques mois après, le voit-on revenir en Prusse, avec Mme de Nehra, chargé, sans nul doute, d'une mission secrète par le gouvernement français, et par « le Calonne » qu'il avait traité si durement? Ses biographes ne sont pas d'accord sur ce point. Ce qui paraît certain, c'est que, tout en se plaignant très haut « de l'existence *amphibie* » qu'on lui faisait mener en Allemagne, il acceptait cette ambassade équivoque comme le stage de quelque grand emploi diplomatique dû à ses talents et aux services qu'il avait su rendre.

Le travail effrayant auquel il se livra pendant toute une année, les correspondances, les mémoires, les documents sans nombre qu'il fit passer en France justifiaient de reste cette ambition légitime, qu'il aurait été facile et prudent de satisfaire.

Quelques années après, ce diplomate d'aventure, faisant, à trois, une bonne affaire, vendait à un libraire dont la femme était sa maîtresse, sa correspondance de Berlin avec le duc de Lauzun et l'abbé de Périgord, c'est-à-dire les rapports que, sous ces prête-noms convenus, il avait adressés au ministre. Ce marché honteux, qui livrait des papiers d'État au commerce, excita partout l'indignation la plus vive. Aujourd'hui que la diplomatie se fait dans les gazettes et que les dépêches des ambassadeurs figurent dans les catalogues des libraires, on serait sans doute moins sévère.

Quoi qu'on pense d'un pareil trafic, on ne lira jamais assez cette correspondance curieuse. A travers des commérages de gazettes et de ruelles, à côté d'anecdotes scandaleuses qu'on croirait ramassées « dans le bourbier des folliculaires », on trouve, presque à chaque page, des vues politiques d'une incroyable portée dont, aujourd'hui, nous pouvons reconnaître, à nos dépens, la sagacité prophétique. Enfin, par endroits, et au courant de la plume, ce chroniqueur prolixe devient tout à coup un écrivain de premier ordre, un historien profond et concis. Après la mort du Dauphin racontée par Saint-Simon, je ne connais guère rien de plus saisissant que la mort du grand Frédéric racontée par Mirabeau. Ce beau récit tient dans une page. Il se termine par ces lignes curieuses, auxquelles de récentes ingratitudes prêtent un intérêt plus vivant encore : « Les deux tiers de Berlin s'évertuent aujourd'hui à prouver que Frédéric II fut un homme ordinaire, et presque au-dessous des autres.... Oh! si ces grands yeux qui portaient, au gré de son âme héroïque, la séduction ou la terreur, se rouvraient un instant, auraient-ils le courage de mourir de honte, ces adulateurs imbéciles ? »

Chose étrange! ce despote si peu regretté de son peuple n'a pas eu d'admirateur plus fervent que ce Français, apôtre fervent de la liberté. Sa grande mémoire si vite oubliée n'a pas eu de courtisan plus fidèle. En 1788, à la veille de la révolution où la monarchie française allait périr, Mirabeau écrivait sur *la Monarchie prussienne* un livre resté célèbre, qui n'est, à vrai dire, que l'apologie du pouvoir d'un seul sous la main d'un grand roi.

« Si en Turquie tout va mal, c'est peut-être uniquement parce que le despote est inepte. » Tous les défauts, sinon tous les vices de son héros, il les conteste ou les excuse. Presque toutes ses fautes, il les absout. Rien de plus curieux que certains de ces euphémismes. Si Frédéric a paru un peu dur, c'est qu'il lui a fallu faire violence à sa nature. « Il dompta son penchant à l'émotion et à la douceur, parce qu'il avait vu de combien d'écueils *la sensibilité joncherait sa carrière de maître et de roi.* »

S'il a quelque peu guerroyé, c'était pour conserver ses États plus que pour les agrandir.

S'il a pris son morceau de la Pologne, c'est que, à son refus, Marie-Thérèse et Catherine l'auraient gardé.

Enfin, qui le croirait? s'il a interdit qu'on discutât aucun de ses actes, « c'est que le grand homme a su se méfier de lui-même et n'osa pas confier à l'impassibilité de son âme héroïque le dépôt sacré de la liberté de la Presse. *Il en a détourné les yeux de peur d'y attenter!* » Si la phrase est laborieuse, c'est que l'idée n'était pas facile à rendre.

Puis, revenant au souvenir qui l'obsède, l'historien s'indigne encore une fois de l'ingratitude d'un peuple qui, « après tant de batailles gagnées, tant de gloire, un règne de près d'un demi-siècle, rempli d'une multitude de prodiges », avait oublié si vite un tel souverain. « Mon âme s'indigne au spectacle qu'offrit Berlin à mes yeux stupéfaits, le jour de la mort du héros. Tout était morne, personne n'était triste. Tout était occupé; personne n'était affligé. Le seul général Mollendorf pleurait. Au serment des troupes, son regard profondément triste, ses larmes involontaires, sa contenance d'un héros blessé brisaient l'âme de l'observateur sensible. Mais il était le seul. Pas un regret, pas un soupir, pas un éloge! *On en était fatigué jusqu'à la haine.* »

On a dit que, là comme ailleurs, Mirabeau avait beaucoup pris à d'autres. C'est possible. Dans cet inventaire de la monarchie prussienne, dont il décompose et démonte avec patience tous les ressorts, il a, sans doute, emprunté à toutes mains les documents qu'il a mis en œuvre. Ses idées, il les a trouvées dans ce fonds commun d'opinions et de passions contemporaines que l'historien examine, laisse aller, rejette ou retient au passage. Mais ce qu'il n'a pris à personne — pas même au major Mauvillon, — c'est la sûreté des jugements, la gravité du langage, la profondeur des vues pénétrantes et lointaines; enfin, malgré l'emphase incorrigible qui, par instants, fait sourire, des mouvements et des traits auxquels, sans méprise possible, un penseur et un écrivain se font connaître. « On en était fatigué jusqu'à la haine... » Si le mot n'est pas de Tacite, il est d'un écrivain qui lui ressemble.

Qu'on lise encore cette page, que ma main transcrit pour ainsi dire malgré moi. Personne ne trouvera cette citation inutile :

« S'il était un pays, objet de la jalousie, de l'envie de toute l'Europe ; qui eût de grandes conquêtes à conserver, de grandes victoires à expier, de grandes défaites à effacer, de grands intérêts à défendre ;... où l'on prît l'habitude de fronder pour la liberté ; l'opinion de la capitale et ses explosions verbeuses pour un gage de la restauration de l'État ; le faste sans exemple, le luxe effréné, les déprédations incalculables, le désordre et tous ses délires, pour la puissance ;... s'il était un tel pays, nous lui conseillerions de réfléchir sur la constitution de l'armée prussienne.... »

Cela était écrit en 1789.

Je ne sais pas si cet ouvrage où la Prusse est tant vantée a coûté quelque chose au patriotisme de Mirabeau (ce mot ne disait pas alors tout ce qu'il dit aujourd'hui) ; mais, certes, il ne coûte rien à notre honneur. Il nous relève des basses flatteries de Voltaire, de ses odieux petits vers, et de ses ambassades ridicules.

CHAPITRE VIII

Pendant que Mirabeau était en Prusse, M. de Calonne, à bout d'expédients, faisait convoquer l'assemblée des Notables. A cette nouvelle, Mirabeau part en toute hâte et vient offrir au ministre un appui dont le prix lui paraît assuré d'avance : « c'est lui qui a eu le premier l'idée, l'occasion et le soin » de faire ordonner ce grand acte politique. Il le croit, du moins, ou il le dit. On va nommer le secrétaire de l'assemblée. « Il est bien difficile de ne pas lui donner cette place. » Si difficile que ce fût, elle est donnée à un autre. Il se rabat sur une ambassade.

Marchandé lourdement, puis maladroitement éconduit, il fera bien voir que « s'il était bon à prendre, il n'est pas bon à laisser ». A peine l'assemblée réunie, il adresse au Roi et aux Notables un long mémoire : « la dénonciation de l'agiotage », réquisitoire véhément contre les sociétés par actions, les banquiers qui les exploitent, et les ministres qui les protègent. Mais, sous ce titre d'occasion et sous ce nom de guerre, par delà ces questions d'affaires et par-dessus ces hommes d'argent, il laisse déborder, dans une improvisation impétueuse, toutes ses idées, tous ses projets, les plans qu'il a lentement mûris, les vastes réserves de son génie sans emploi et de sa politique en souffrance. Suivant l'accueil qui l'attend, son mémoire sera le programme d'un gouvernement ou le manifeste d'une révolution.

Bien que Calonne ne soit pas nommé une seule fois dans cet écrit, il peut, à chaque page, s'y reconnaître. Mais celui qu'attaque ouvertement Mirabeau, celui dont la popularité le gêne, dont la fatuité pédante l'exaspère, dont l'honnêteté pesante l'ennuie, c'est M. Necker. Il a contre lui une aversion de nature, qu'aggrave le ressentiment d'une supériorité dangereuse.

Jamais deux hommes ne furent dissemblables à ce point, aussi nécessairement antipathiques l'un à l'autre. Necker était, au dehors, aussi grave, aussi froid d'aspect, aussi discret et aussi décent que Mirabeau se montrait bruyant, incommode et désordonné. « Monsieur l'Ouragan », disait son père; « le comte de la Bourrasque », disait son oncle. Honnête par tempérament, vertueux de naissance, le flegmatique Genevois tirait de sa vertu tout le revenu qu'elle lui pouvait rendre, dans un pays et dans un temps où la vertu semblait une curiosité imposante. Tandis que Mirabeau se dépensait en aventures scandaleuses, l'habile banquier administrait sa bonne renommée en père de famille économe. Tous deux, il est vrai, étaient également contents d'eux-mêmes, également convaincus de leur importance, mais chacun à sa façon. L'un avait en vanité tout ce que l'autre avait en orgueil. « Cicéron et Catilina », dit Mme de Staël;... ni l'un ni l'autre : Cicéron avait autre chose que du talent; Mirabeau avait autre chose que des vices.

Il est inutile de suivre plus loin ces intrigues financières et ces cabales politiques, cette mêlée de pamphlets impunis et de lettres de cachet dérisoires dans laquelle, après s'y être longtemps débattu, M. de Calonne disparut enfin sans retour. Après lui, l'incapable Brienne ne dura qu'une année, juste assez pour s'enrichir, pour hâter, par des coups de force impuissants suivis de défaillances funestes, la dislocation complète de l'État, et pour assurer le retour de M. Necker triomphant.

Quant à Mirabeau, l'année qui précéda la réunion des États généraux fut l'époque décisive de sa vie. Jamais intelligence humaine ne fit une aussi prodigieuse dépense de mouvement et d'énergie. Il est partout à la fois, partout en éveil et aux écoutes; donnant chaque jour au public quelque surprise et quelque secousse. C'est un mémoire écrit en une semaine; une brochure improvisée dans une nuit; une lettre bâclée dans une heure. Sur les prisons d'État, sur les lettres de cachet, sur la liberté de la Presse, sur l'agiotage, sur ces questions qu'il a vingt fois remuées et tourmentées dans tous les sens, qui demain, d'ailleurs, vont se mêler, se dissoudre et se fondre dans l'immense creuset, il reprend ses anciens écrits, les resserre pour en augmenter la portée, les rajeunit et les ravive avec une infatigable dextérité.

Il s'agite pour qu'on le voie. Il écrit pour qu'on le discute. Il parle pour qu'on lui réponde. Quand les occasions se font attendre, il va les chercher. Quand les griefs lui manquent, il les invente. Un arrêt du Grand Conseil fixe la date de l'ouverture des États,... « c'est trop tard » ; et, pour le démontrer, il entreprend une correspondance retentissante avec le jésuite Cerutti qui lui donne obligeamment la réplique. Une ordonnance du Roi décide le doublement du Tiers,... soit ! mais le lendemain, à propos de je ne sais quelle mesure de finance, l'insatiable polémiste crie au scandale, et, sans plus s'occuper des ordonnances, ni des édits, ni des arrêts, ni du règlement libéral de Necker, qui assure au Tiers la prépondérance, il attaque avec plus de violence que jamais le ministre qui les a signés. Comme si personne, excepté lui, n'avait rien fait, et sans lui ne pouvait rien faire, il blâme, il presse, il commande, il tonne. Il enfonce à coups de canon des portes ouvertes. Son nom, redit par la cohue des importants, des nouvellistes et des politiques, court les cafés et les théâtres, emplit les journaux et les affiches, saute aux yeux, entre de vive force dans toutes les têtes, occupe tous les esprits, et, les accoutumant à cet homme nécessaire, les façonne à son inévitable avènement. « Il ne saurait laisser reposer son nom une semaine entière », écrit, à cette époque, le marquis de Mirabeau.

Enfin il découvre son ambition et son but qui, on peut bien le croire, n'étaient un secret pour personne. Il veut être député aux États généraux; et cherchant partout des appuis, il s'adresse à son oncle, il écrit à son père. Cet adversaire ardent des ministres met dans son jeu Lamoignon et Montmorin. Il ne désespère même pas de M. Necker!!! « Sans le secours, au moins secret, du gouvernement, je ne puis être aux États généraux », écrit-il sans vergogne à M. de Montmorin.

Éconduit en Alsace, il se tourne vers la Provence. Il aurait dû commencer par elle. Là, en effet, il va retrouver cette clientèle bruyante qui l'applaudissait naguère à la barre du Parlement; la *plébée* d'Aix et de Marseille, éprise de ce gentilhomme qui a de si grands airs de roture; de ce Provençal qui ressemble si bien à la Provence; qui jure avec les portefaix, patoise avec ses métayers, et plaide en français mieux qu'un procureur. Tout en goûtant largement ces ovations de carrefour et cette popularité qui l'enchante, il n'entend pas laisser vide, dans l'assemblée de la noblesse, le siège auquel lui donne droit sa naissance. Il y est admis sans obstacle. Mais, dès le premier jour, entre lui et les gens de son Ordre, l'antipathie éclate et la lutte commence.

Il a devant lui les représentants respectables des

plus anciennes familles de la Provence, les Grimaldi, les Galiffet, les Villeneuve, les d'Albertas, les Sabran, sortis la veille de leurs antiques hôtels de Grasse et de Fréjus, ou descendus de leurs bastides crénelées de Cagnes et de la Colle, de Tourette et de Vence; — vieille aristocratie terrienne enracinée depuis des siècles dans le sol pierreux de ses campagnes; qui compte ses richesses par les oliviers et les figuiers de ses métairies; noblesse indigène, nourrie d'âge en âge dans les souvenirs et dans la superstition de son ancienne indépendance; et que ni les édits de Richelieu, ni le prestige de Louis XIV, ni la longue domesticité de la cour n'ont pu assujettir à l'idée choquante d'un seul État sous un seul maître. Pour elle, il n'y a en Provence qu'un royaume, le royaume du roi René, pays ami, mais non sujet de la France; « un Co-État », non pas une province.

« Si c'est un Co-État, leur dit durement Mirabeau, traitons donc de puissance à puissance. Au lieu de députés, envoyons des ambassadeurs. Et en cas de mécontentement, les possédants-fiefs provençaux combattront les légions françaises. Mais si nous sommes une province, obéissons à la loi commune! Depuis quand le sujet fait-il la loi au souverain? » Et dans cette assemblée quasi factieuse, qui jure de demeurer fidèle aux vieilles constitutions de son pays, qui proteste contre le *Règlement* de M. Necker, contre le vote par tête, et contre les nouveautés que lui prétendent imposer les ordres de la cour, ce champion inattendu de l'unité française et de la monarchie défend, seul, avec sa propre cause, la cause de la France et du roi.

Ce fut un grand scandale dans ce petit sénat, d'entendre un pareil langage tenu par un pareil homme, perdu de dettes et de débauches, interdit par arrêt de justice et deux fois contumace, qui cherchait dans les entreprises les plus dangereuses et dans la plus vile popularité la revanche du mépris public dont il se sentait accablé. Qu'avait-on à faire d'un tel compagnon, dont le seul voisinage mettait en péril l'honneur de la noblesse, et dont, il faut bien le dire, la supériorité trop manifeste semblait plus gênante encore que sa mauvaise renommée? Ses titres même étaient-ils bien clairs? Était-il, de son chef, détenteur d'un fief provençal? Où était son *contrat d'afflorinement*? — Et comme Mirabeau répondait avec dédain « qu'il n'avait pas ses archives dans sa poche », le *syndic de robe*, M. de Gassier, fut chargé d'éclaircir cette affaire avec M. l'abbé Decène, le généalogiste de la Provence. Mais en attendant qu'à eux deux ils eussent trouvé quelque expédient de procureur pour délivrer l'assemblée de cet orateur incommode, il lui fut fait défense provisoire d'entrer dans la salle des séances.

Si l'on espérait le faire taire pour si peu, c'était bien peine perdue. Ne pouvant plus discourir dans l'assemblée, Mirabeau fit, à la porte, un bruit terrible. Journaux, brochures, mémoires, pamphlets, ce fut, tous les jours et à toute heure un déluge d'écrits violents qui vint s'abattre sur ces malencontreux défenseurs des vieilles coutumes de la Provence. Ces âpres plaidoyers, ces discours véhéments que la noblesse avait refusé d'entendre, le peuple les lisait avec avidité et les applaudissait avec fureur. C'est dans un de ces écrits éphémères qu'on rencontre, jeté au courant de la plume, ce lieu commun superbe, devenu classique aujourd'hui : « Dans tous les pays, dans tous les âges, les aristocrates ont implacablement poursuivi les amis du peuple. Si, par je ne sais quelle combinaison de la Fortune, il s'en est élevé quelqu'un de leur sein, c'est celui-là surtout qu'ils ont frappé, avides qu'ils étaient d'inspirer la terreur par le choix de la victime. Ainsi périt le dernier des Gracques, de la main des patriciens. Mais, atteint du coup mortel, il lança de la poussière vers le ciel, en attestant les dieux vengeurs, et de cette poussière naquit Marius; Marius, moins grand pour avoir exterminé les Cimbres que pour avoir abattu dans Rome l'aristocratie de la noblesse! »

Marius et les Cimbres! Rome et les Gracques! C'étaient sans doute de bien grands noms; et ces dignes magistrats du parlement de Provence, ces honnêtes gentilshommes d'Ollioules et de l'Esterelle, qui s'étaient montrés un peu durs pour Mirabeau, ne ressemblaient guère aux « Patriciens » ni aux Pères Conscrits de la grande République. Quant à lui, si l'on pouvait, de loin, lui trouver avec « le dernier des Gracques » un certain air de famille, personne, à Aix, ne parlait d'immoler « à l'aristocratie de la noblesse cette autre victime ».

Mais ces images grandioses et ces mots sonores, en passant sur la plèbe tumultueuse de la vieille *Province romaine*, y réveillaient les souvenirs confus de son antique origine, dont la tradition populaire et les légendes *avitines* avaient conservé vaguement la mémoire. Ils faisaient revivre dans ces têtes ardentes la vision soudaine des grands ancêtres d'Italie, dont tant de monuments encore debout dans les campagnes attestaient la puissance, et dont les filles d'Arles et de Beaucaire gardaient sur leurs traits l'inaltérable beauté. Dans la ville de Sextius, où l'on entrait par des arcs de triomphe, où le plus petit boutiquier du cours prenait des airs de citoyen romain, et où l'aubergiste de la *Mule noire* semblait un personnage consulaire, Gracchus était bien à sa place; et ce peuple emphatique acclamait avec ivresse le tribun éloquent qui attestait contre la tyrannie les dieux vengeurs de la Liberté....

On sait par quelle chicane de procédure féodale cette noblesse respectable et bornée se débarrassa de Mirabeau, l'exclut sans retour de ses assemblées, et laissa les sénéchaussées d'Aix et de Marseille se disputer ce terrible élu. Ainsi finit, dans un délire de joie et de fureurs populaires, au milieu des illuminations, des feux d'artifice, des cavalcades, des aubades, des farandoles et des émeutes, la campagne triomphale qui, de cet aristocrate déclassé, faisait un tribun du peuple, le plus grand orateur de la révolution, et son plus sage politique.

Politique,... il l'était jusque dans les moelles ;

politique de sang et de race, comme son père et tous les siens. Si quelque chose devait nous faire croire aux aïeux florentins dont ils se sont vantés, ce serait leur ressemblance avec les grands Italiens que l'Italie a prêtés à la France : les Médicis, les Gondi, les Mazarin, les Bonaparte. Le dernier Mirabeau a leur souplesse, leur audace, leur activité prodigieuse, leur mépris absolu des hommes ; et, avec cette conscience commode qui se plie sans effort à tous les hasards, cette physionomie changeante qui se prête d'elle-même à tous les rôles. *Comediante!* disait le pape au plus grand d'entre eux....

Tribun,... à cette époque, et plus tard peut-être, Mirabeau ne l'est qu'à regret, à contre-cœur et à contre-sens, poussé par des politiques à courte vue qui ne savent ni contenter son orgueil ni se servir de son génie. Sa pente naturelle est ailleurs. Il hait le despotisme, parce que le despotisme n'est, en France, que la contrefaçon bâtarde de la Royauté. Il hait les privilèges « qui ne sont utiles que contre le Roi ». « Cherchons ce qu'il faut faire, dit-il, et n'entreprenons pas trop. Le consentement national à l'impôt et aux emprunts, la liberté civile, les assemblées périodiques : voilà les trois points capitaux. Le reste viendra assez vite. Voilà pourquoi nous devons rester et pourquoi je serai, moi personnellement, très monarchique.... Eh! de bonne foi, que serait une république composée de toutes les aristocraties qui nous rongent? Le foyer de la plus active tyrannie. »

« Ces gens-là, disait-il encore en parlant de l'ordre de la noblesse, finiront par *démonarchiser* la France! » Monarchique, monarchiste, constitution, la Nation et le Roi, ces mots reviennent sans cesse sous sa plume; et, pour qui étudie de près sa vie, sa sincérité n'est pas douteuse. Constitutionnel et monarchiste, il finira sa carrière politique comme il l'a commencée. Il veut associer son père à son ambition et à ses desseins; il le presse de se faire élire avec lui : « Vous serez à l'assemblée, lui écrit-il, un point de ralliement pour les bons citoyens, qui connaissent trop bien ce pays et cette nation pour y vouloir une Constitution républicaine ».

La république vient d'élever une statue à Mirabeau, et elle a bien fait; mais, s'il reste une place libre sur le piédestal, entre les bas-reliefs et les emblèmes, il serait juste d'y graver ce qu'on vient de lire.

CHAPITRE IX

Tels étaient les principes et les idées politiques qu'allait porter à Versailles le député du Tiers-État de Provence; mais ce qu'on allait y voir paraître avec lui, c'était une puissance nouvelle dont rien, dans le passé, ne pouvait donner à la France le pressentiment ni le souvenir : la Puissance de la Parole.

Les grands sermonnaires du siècle de Louis XIV, défendant devant les puissants de ce monde la cause des petits et des opprimés, avaient ébranlé de leur éloquence des consciences royales et des multitudes choisies; mais ce n'étaient pas eux qui parlaient; c'était un Dieu qui, dans ce temps-là, n'avait pas d'athées,... c'était la parole sacrée s'excitant elle-même, s'échauffant au foyer solitaire de la méditation et de la foi; écoutée en silence, sans contradiction et sans réplique; soutenue par les pieuses croyances ou l'admiration mondaine d'une assistance accoutumée de longue main au respect.

D'ailleurs, depuis les temps héroïques des Bourdaloue, des Massillon et des Bossuet, la chaire chrétienne avait perdu son éclat. Elle entendait plus d'homélies que de discours; elle comptait plus d'abbés que d'orateurs; et l'abbé Poulle lui-même ne valait ni Mascaron ni Fléchier.

Au barreau, de graves avocats, hommes de bien et hommes de goût, secouaient lentement, pour plaider les droits de la conscience et de la liberté, le fatras d'érudition ridicule, de citations extravagantes et de pompeux lieux communs dont la vieille rhétorique du Palais chargeait les plaidoyers d'autrefois. Fils de la bourgeoisie, pénétrés des idées et des passions de leur temps, ils se trouvaient sans cesse mêlés aux philosophes, aux publicistes, aux hommes de lettres; et les occasions les plus diverses les amenaient peu à peu aux polémiques bruyantes de la presse ou aux aventures dangereuses de la politique. C'était Gerbier défendant contre quelque abbaye puissante la cause d'une religieuse révoltée; c'était Bergasse provoquant par ses honnêtes hardiesses la rancune mortelle de Beaumarchais; ou bien Élie de Beaumont partageant, sans avoir trop à souffrir de ce voisinage, la défense posthume des clients de Voltaire.

Dans ces luttes rapides, dans ces mêlées corps à corps et dans ces confraternités profitables, les avocats apprenaient à penser vite, à dire juste, et arrivaient souvent à parler, mieux que personne, la langue de tout le monde. Voltaire lui-même, dans plus d'une rencontre, a porté, sans s'en vanter, la marque de leurs coups. Mais leurs plus beaux discours ne dépassaient guère les murs du Palais et la lanterne de la Grand'Chambre. Ils ne rencontraient, ils ne rencontreront jamais que par occasion, par échappées et comme en des digressions généreuses, les intérêts publics ou les hautes pensées qui sont le fond éternel de l'éloquence. Si touchante qu'elle soit, une aventure domestique ne laisse pas dans la mémoire des hommes un long souvenir; et ce n'est que dans les chœurs de Sophocle ou d'Eschyle que la tragédie d'un seul homme émeut un peuple tout entier.

Cette fois, le drame qu'on attendait, c'était le drame de tout un peuple, où chaque citoyen avait son intérêt, son rôle et sa place. Ce n'était pas la première fois, sans doute, que la nation était ainsi convoquée; et la tradition monarchique, remontant le cours du temps, rattachait habilement les États généraux de demain aux États généraux d'autrefois. Mais, en dépit du cérémonial, des manteaux de cour, des hérauts d'armes et des fleurs de lis, il était trop clair qu'entre 1614 et 1789, tout était changé. De ces époques lointaines, il était bien resté, dans la mémoire des érudits et des lettrés, quelques fragments d'éloquence politique; mais aucun qui fût devenu populaire; et le plus célèbre de tous est un discours de pure invention, un chapitre d'un beau livre : « la harangue de Daubray dans la *Satire Ménippée*. »

D'ailleurs, en 1789, il ne s'agissait plus de quelques mesures de circonstance, d'un impôt à voter, d'une guerre à entreprendre ou à terminer; ni même, comme en d'autres temps, de payer la rançon d'un Roi, de défendre contre une bulle du Pape l'indépendance du Royaume, ou contre l'Espagnol la loi salique et le droit héréditaire de la monarchie.

Sur le vaste théâtre qui allait s'ouvrir, on sentait que l'établissement social tout entier allait remplir la scène et la déborder. A travers les ruines que de longs abus avaient entassées, il fallait creuser une pente et un lit au torrent d'idées nouvelles qui s'était répandu dans tous les esprits. La religion, la philosophie, la politique, l'autorité du Roi, les privilèges de la noblesse, les droits du peuple : il n'était pas une partie de l'édifice national dans laquelle des écrivains hardis n'eussent enfoncé leur pensée; qu'ils n'eussent, depuis cinquante ans, ébranlée ou à moitié démolie.

Mais le temps des livres est déjà passé; le temps des hommes « de plume et d'écritoire », commodément assis à leur bureau devant un public imaginaire, s'adressant de loin, sans contradicteurs, à des lecteurs sans défense. Il y aura désormais une salle pleine et bruyante, un auditoire présent et vivant devant lequel il faudra parler; parler de sa personne, face à face, à des adversaires prêts à répondre, auxquels il faudra répondre à son tour. Aux utopies sorties des livres des philosophes, aux sages réformes mûries dans la tête des politiques, il faut une voix sonore et hardie, qui se fasse clairement entendre. Elle est prête. C'est la voix de Mirabeau. Il n'a plus qu'à parler ce que d'autres ont pensé et ont écrit, ce qu'il a écrit et pensé lui-même.

Dans ce rôle nouveau, jamais homme ne fut moins surpris ni mieux servi par la Fortune. De toutes les idées, de toutes les passions de son temps, il n'en était pas une que, de près ou de loin, il n'eût essayée et qui ne lui fût, par ses dehors au moins, familière.... De tous les excès, de tous les abus d'un régime caduc, il n'en était pas un que, pour l'avoir commis ou subi, il ne connût mieux que personne. Il en était comme le monument vivant. Il en portait sur toutes ses surfaces l'empreinte et l'image.

Il semblait d'ailleurs que la nature l'eût construit pour se faire voir et se faire entendre; tout en dehors, en relief et en saillie; la voix forte, claire, et naturellement habile; le geste prompt, les traits gros et heurtés, qui se reconnaissaient à distance.

Ce n'était plus, à cette époque, le « mâle monstrueux » dont avait parlé son père; mais il lui restait, de sa laideur, ce qu'il fallait pour surprendre les regards et les retenir. Il lui restait, de ses passions, ce qui devait faire tout céder à son ambition, comme autrefois à ses désirs. Il était né ainsi, orateur de la tête aux pieds; « un personnage toujours sur les tréteaux », a écrit son père. A neuf ans, on s'en souvient, il brûlait les planches sur un théâtre d'écoliers, « comme s'il était le fils de l'ancien La Thorilière », et à dix-sept ans, il déclamait sans broncher, dans un réfectoire de collège, une façon d'oraison funèbre dont il était le Bossuet intrépide et précoce.

Qu'on lise ses écrits, fût-ce ses lettres les plus intimes, ce sont des discours. Les mots tombent de ses lèvres en même temps que de sa plume; un geste invisible les accompagne. Il a devant lui un auditoire, un adversaire qui le combat ou un ami qui l'applaudit. Si c'est un ami, il le regarde « avec ses yeux couchés »; il lui sourit; il lui fait signe qu'ils sont d'accord. — Et, avec « sa voix mielleuse », il lui prend traîtreusement ce que l'autre allait dire; — si c'est un contradicteur, il l'interrompt, il l'interpelle et le force à se taire. « Silence aux trente voix », dira-t-il plus tard.

La ponctuation même de ses phrases trahit l'homme qui parle en écrivant. Il interroge, il admire, il s'attendrit, il s'indigne : « O ma Sophie! ô mes amis! ô mon père!... »

Il anime tout, il fait tout vivre. Sous sa plume, tout est mouvement, effet d'audience, rhétorique naturelle et prosopopées. Il crée des personnages et les met en scène. Il invente, sur les événements les plus intimes de sa vie, des *dialogues* où la vérité se mêle à la fable, sans que lui-même semble s'y retrouver et s'y reconnaître. Il compose pour Mme de Monnier des plaidoyers contre son mari;... discours, réplique, exordes, péroraisons, tout y est....

A Manosque ou à Marseille, dans la vieille maison d'Amsterdam ou au donjon de Vincennes, sa table de travail est une tribune sur laquelle il se penche, la barre d'un tribunal sur laquelle il s'accoude. Comme l'acteur qui répète son rôle, il se promène à grands pas dans sa chambre, s'arrêtant, s'asseyant de temps en temps, se relevant, s'arrêtant encore pour écrire. Si le mot lui plaît, il le répète, l'écoute et en prolonge l'écho. S'il avait un miroir devant lui, il s'y regarderait sans rire; car il ne connaît pas cette peur de soi-même et des autres qui gêne les esprits timides. Comme les gens de son pays, il n'a ni le sentiment de ce qui est excessif, ni la conscience de ce qui est ridicule. Il n'a jamais pensé que sa lettre à l'amant de sa femme pût sembler comique à personne, ou que les coups de parasol du Bastidon de Moûans pussent prêter à rire à qui que ce fût. Tout ce qui le touche prend à ses yeux des airs d'importance et de grandeur. Il peut ainsi ne rien perdre de lui-même, se montrer tout ce qu'il est, donner tout ce qu'il a dans la tête et dans le cœur....

Un cœur généreux, malgré tout! plus ardent que tendre; sincère et changeant à la fois; sans rancune et sans fiel; où l'amour de soi ne tenait pas toute la place, et que les fureurs d'un tempérament insatiable n'avaient pas avili sans retour. Une tête puissante où trônait une raison souveraine, et que des passions désordonnées menaient, de faute en faute, aux pires extrémités; image bizarre de ce que pourrait être, dans la politique qu'il avait rêvée, une monarchie où régnerait un roi très sage, et que gouverneraient des ministres en démence.

Tel était l'homme, autant que j'en peux juger, au moment où il va paraître sur la scène : une vaste intelligence sans emploi; une ambition sans bornes; une audace sans frein, des besoins sans mesure; une conscience sans scrupules; avec cela, le génie de parler et le talent d'écrire,... voilà bien ce qu'avait prévu la sagacité haineuse de son père quand il disait : « Le siècle des gens de sa sorte arrive à grands pas, car il n'est aujourd'hui ventre de femme qui ne porte un Arteveld ou un Masaniello ». Arteveld ou Masaniello, c'était peu dire!... « Il ne sera qu'un cardinal de Retz », avait-il écrit une autre fois : c'était mieux, et plus juste.

TROISIÈME PARTIE

GABRIEL-HONORÉ DE RIQUETI, COMTE DE MIRABEAU

SA VIE POLITIQUE

1789-1791

CHAPITRE I

Le 5 mai 1789, à Versailles, le Roi faisait l'ouverture solennelle des États généraux.

On sait ce que fut la rencontre des Trois Ordres : de ces trois États ainsi réunis et séparés, avec des origines distinctes, des traditions différentes, des intérêts contraires, et des prétentions égales.

On connaît, heure par heure, tous les épisodes de la lutte obstinée qui, pendant près de deux mois, les tint en présence, jusqu'au jour où, la volonté fixe du Tiers l'emportant sur les incertitudes du clergé, sur les résistances maladroites de la noblesse, sur l'irrésolution du Roi et sur les intrigues puériles de la cour, tout à coup, au milieu de cette « anarchie spontanée », l'Assemblée nationale se trouva constituée d'elle-même et se mit à l'œuvre.

A la surface et par les dehors, ce n'étaient guère que des querelles de préséance, des disputes de cérémonie, des entêtements de noblesse et des effervescences de roture; car, sur les points essentiels, sur les sacrifices féodaux, sur la caducité des droits des seigneurs et sur la déchéance de leurs privilèges, tout le monde, dès le premier jour, était d'accord. Mais en politique, les formes et les mots sont rarement de vaines apparences. C'est par là d'abord que la réalité prend le commun des hommes et les entraîne.

Au fond, il s'agissait de savoir si l'on aurait, de loin en loin, les États généraux d'autrefois, avec des pouvoirs bornés du côté du trône, avec trois ordres inégaux entre eux et assujettis l'un à l'autre; ou bien une assemblée unique et permanente des députés du royaume, sujets indépendants d'une monarchie limitée, — égaux entre eux en droits et en puissance, possédant chacun une part de cette indivision souveraine et la représentant tout entière dans son inséparable unité; — c'est-à-dire, du premier coup, des fondations de l'édifice jusqu'au sommet, le déclassement de toute l'ancienne société française.

Quel fut, à cette époque, le rôle de Mirabeau? Eut-il, dans ces préliminaires décisifs, toute l'importance qu'il s'est donnée; ou la légende a-t-elle grossi sans mesure ce que lui doit laisser l'histoire? D'autres ont examiné cette question à loisir, avec une sagacité que j'admire. Je ne peux que parcourir, à leur suite, ce calendrier de deux années qui semble contenir tout un siècle; marquer en passant les dates les plus fameuses; et, sur quelques-uns des événements qu'ils ont racontés, dire librement ce que je pense.

Ceux qui font de Mirabeau le produit spontané de la Révolution et l'enfant perdu de la Liberté se trompent presque autant que ceux qui voient en lui l'inventeur et le patron de la République.

Le jour où les États généraux se sont réunis, il avait quarante ans. Son génie avait depuis longtemps âge d'homme, et les années patientes avaient mûri lentement les fruits de sa jeunesse.

De toutes les idées que l'orateur a soutenues à la tribune, ou que le tribun a jetées au peuple dans ses journaux, il n'en est presque aucune qui ne se trouve longtemps auparavant dans ses écrits, dans ceux de son père, dans l'œuvre des penseurs les plus graves et les plus sages; à la surface et au fond de cette grande marée philosophique qui battait depuis cinquante ans la monarchie, et dont cette tête puissante avait bu, « comme une grosse éponge », le flot et l'écume.

Avant d'avoir ouvert la bouche pour la première fois devant une assemblée politique, Mirabeau avait pensé tout ce qu'il allait parler, écrit ce qu'il allait dire, annoncé ce qu'il allait faire. Il se croyait, de bonne foi, le sauveur prédestiné de la monarchie, le successeur incomparable de Turgot et de Malesherbes. On n'a pas le droit d'en faire, malgré lui, le précurseur de Robespierre et de Danton. Si les événements, dont il se croyait d'avance le maître, l'ont entraîné à leur suite, c'est que dans les mouvements des peuples, la logique des hommes n'est rien; c'est que les plus habiles savent tout raisonner et tout prévoir, excepté les hasards qui mettent leur raison en défaut, leurs passions en éveil, et leurs prévisions en déroute.

Non seulement Mirabeau ne doit pas à la Révolution ses idées politiques, mais il ne lui doit même pas sa célébrité tout entière. Il était fameux avant de devenir célèbre. Ses fautes, ses malheurs et son talent, mêlés ensemble, avaient fait de lui, depuis plus de dix ans, un personnage légendaire. Il arrivait aux États généraux avec une très grande réputation et une très mauvaise renommée.

Il ne tint pas à lui que, dès le premier jour, le député d'Aix ne se mît en scène, et ne se fît, de son autorité privée, l'interlocuteur du Roi. Il avait écrit, pour répondre aux paroles tombées du trône, un discours plein de sens et de mesure qui, si l'on eût voulu l'entendre, aurait prévenu, peut-être, beaucoup de malheurs. Une habile manœuvre d'étiquette l'obligea de laisser son éloquence dans son chapeau. Ce ne fut pas son seul mécompte. A son entrée dans la salle, ses amis lui avaient préparé un triomphe. Mais le sentiment trop manifeste de la mésestime publique imposa silence à ces applaudissements téméraires.

A partir de ce moment — sans qu'on doive prendre d'ailleurs trop à la lettre les antithèses illustres d'un poète, — c'est un spectacle curieux et cruel de voir ce pauvre grand suspect se débattre contre les défiances qu'il inspire; se mettant sans cesse en évidence, parlant à tout propos et à toute heure; tour à tour véhément et pathétique; cherchant à vaincre par quelque surprise oratoire, par quelque coup de main éloquent, par quelque élan désespéré de raison et de bon sens, ces immuables antipathies; pleurant enfin de honte et de colère quand une défaite trop sensible vient déconcerter ses efforts.

A cette force perdue qu'il essaie à vide, il cherche ailleurs une prise solide et un levier. Dans un temps où les gazettes étaient encore assez rares, ce merveilleux politique semble avoir, d'instinct, pressenti la souveraineté du journal, et comment, un jour, cette puissance insolente tiendrait à sa merci tous les pouvoirs de l'État.

Dès avant le 5 mai, Mirabeau publiait, au jour le jour, des brochures qui avaient pour titre : *les États généraux*, et qui devaient donner le compte rendu des séances. Mais ce titre inexact ne le mettait pas assez en lumière; il le changea; et bientôt les *Lettres à ses commettants* découvrirent hardiment sa personne et son but. C'était le journal et la chronique de lui-même, où il donnait le texte revu de ses discours, le commentaire flatteur de ses motions ou de ses votes, et qui prolongeait en louanges sonores l'écho de son intarissable éloquence. Un député doublé d'un journaliste! Il avait devancé de cent ans une des plus dangereuses inventions de la politique.

Mais ce n'était pas seulement du public que Mirabeau voulait se faire entendre; c'était surtout de la cour. Tantôt il enflait la voix, tantôt il la modérait avec art, pour montrer toute la souplesse de cette force nouvelle dans laquelle la monarchie chancelante pouvait encore chercher son salut.

Le sage Malouet crut le comprendre; et, sur sa demande, lui ménagea une entrevue, seul à seul, avec M. Necker. Mais ce raisonneur tout d'une pièce n'était pas l'homme des sous-entendus et des demi-mots. Recommençant, avec moins de bonne grâce, la faute que, peu d'années auparavant, M. de Calonne avait commise, il reçut cette visite comme un banquier qui n'a pas de temps à perdre reçoit un courtier véreux qui lui apporte une affaire douteuse : « Quelle proposition avez-vous à me faire? » — De vous souhaiter le bonjour, répondit l'autre. Et il sortit furieux.

Il avait raison! Necker ne comprenait pas combien était sincère le sentiment qu'un tel homme devait avoir de son importance, et comment, dans ce grand esprit tourmenté, le souci du bien public se confondait, sans qu'on en pût faire le partage, avec toutes les passions qui menaient sa vie. Il y eut, ce jour-là, entre ces deux hommes, une désastreuse méprise. Comme il arrive souvent aux gens qui ne veulent être dupes de personne, Necker fut dupe de lui-même et de ses étroites défiances. Quant à Mirabeau, cette fois encore, il portait la peine de ses fautes et de son passé. « J'ai élevé devant moi, disait-il plus tard, un môle de préjugés qu'il faudra du temps pour détruire ».

Peu de temps après, un bien autre malentendu devait avoir, pour la France et pour lui, de bien autres conséquences. Je veux parler de la séance mémorable du 23 juin, où, fort de sa conscience et de sa popularité, le Roi crut pouvoir imposer aux trois ordres divisés son arbitrage souverain; où le marquis de Dreux-Brézé remplit, avec un courage plein de bonne grâce et de dignité, le devoir de sa charge; et où Mirabeau allait prendre d'un seul coup, au milieu des partis en désordre, la place que, jusque-là, il s'était efforcé vainement de conquérir.

Quand on relit aujourd'hui les déclarations solennelles faites, ce jour-là, par le souverain, puis la charte de 1814 qui, à vingt-cinq ans de distance, ne fait guère que les répéter, on cherche en vain, dans ce sanglant intervalle, ce qu'ont gagné la Raison, la Justice et la Liberté. Les conquêtes nouvelles qu'elles avaient à faire ne valaient, vraiment, ni tant de sang, ni tant de crimes. Quelques mois de patience et de courage y auraient suffi. La terreur et l'échafaud n'ont été que le luxe effroyable d'une révolution inutile.

Mais, ce jour-là encore, on put voir quelle place tiennent les formes et les mots dans la conduite des affaires humaines. Ces déclarations libérales et sincères étaient faites dans un langage suranné qui paraissait les fausser et les démentir; avec ces formules tranchantes et cette sorte de liturgie impérieuse qui avaient servi durant tant de siècles aux cérémonies du pouvoir absolu et aux lits de justice du despotisme. Le Roi se trompait de bien plus de cent ans. Il semblait, à l'entendre, qu'il pût reprendre le lendemain ce qu'il aurait cédé la veille, et forcer la séparation des trois ordres comme ses devanciers forçaient l'enregistrement d'un édit. Enfin, bien qu'il parlât très haut de sa volonté souveraine, on sentait sous ces apparences résolues un pouvoir indécis, qui n'irait peut-être jusqu'au bout ni de ses promesses ni de ses menaces. Pour avoir dit à contre-sens, et peut-être à contre-cœur : Je défends, je veux, j'ordonne, le Roi perdit dans un instant, aux yeux du peuple, le droit de rien ordonner et le pouvoir de rien défendre.... Quelques jours après, malgré ses ordres formels, l'Assemblée nationale avait remplacé les États généraux ;— et la révolution était faite.

Quels furent, dans cette journée fameuse, l'attitude et le langage de Mirabeau? Rien n'est plus incertain. A-t-il prononcé, le 23 juin, les paroles violentes qui, dans le commun des esprits, ont survécu presque seules à tous ses discours? c'est douteux. Dans tous les cas, il ne les a pas dites, certainement, telles que la postérité les a retenues, avec la mise en scène que les mensonges de la politique ou les fictions de l'art ont rendue populaire, et qu'après tant d'années, nous ne pouvons plus oublier. Lui-même, le lendemain, ne les a pas rapportées ainsi. Enfin, s'il a déclaré, ce jour-là, que le Tiers ne se retirerait pas devant les ordres de la cour, il n'a fait que répéter ce que Siéyès et Bailly avaient dit clairement plusieurs jours avant lui.

Mais il en est de ces mots fameux comme de tant d'autres que la légende impose à l'histoire; qui, à une heure marquée, flottent dans l'air; qui sont sur toutes les lèvres comme les bruits épars d'une même pensée; et que la rumeur publique prête, avec ses variantes concises, à celui qu'elle juge assez hardi pour les avoir pu dire le premier.

CHAPITRE II

Le 20 juin 1789, les députés du Tiers-État, réunis dans la salle du Jeu de Paume, avaient juré de ne point se séparer avant d'avoir donné une constitution à la France. On sait quelles diversions funestes devaient, jour par jour, traverser cette grande œuvre.

Le 23 juin, l'Assemblée congédiait le représentant du Roi, déclarait les députés inviolables, et la nation souveraine.

Le 30, la populace de Paris forçait les portes de l'Abbaye et mettait les prisonniers en liberté.

Le 6 juillet, des régiments étrangers, campés entre Paris et Versailles, allaient, disait-on, marcher sur l'Assemblée et la disperser.

Le 11, Necker était renvoyé du ministère et le baron de Breteuil mis à sa place.

Le 12, les Allemands du prince de Lambese chargeaient la foule aux Tuileries, pendant que les gardes françaises et les Suisses se fusillaient sur les boulevards.

Le 14, la Bastille tombait au pouvoir du peuple ; et, le soir, trois têtes sanglantes, plantées sur des piques, étaient promenées en triomphe dans les carrefours.

Le 22, Foulon et Berthier étaient assassinés ; huit jours plus tard, le maire de Saint-Denis ; et, dans les provinces, beaucoup d'autres.

Enfin, le 5 octobre, après trois mois d'émeutes meurtrières, au milieu d'une agitation immense qu'entretenaient la terreur de la disette et l'attente d'un coup d'État, la lie des faubourgs de Paris, soulevée par une poussée furieuse, débordait sur Versailles, venait battre les grilles du château, et ne tardait pas à l'envahir ; quinze gardes du corps étaient massacrés lâchement ; et le lendemain, après une odieuse parade où la majesté royale était avilie pour toujours, les vainqueurs emmenaient avec eux leurs otages. Prisonniers l'un et l'autre, le Roi et l'Assemblée quittaient Versailles, escortés par cette vile multitude dont le courage inutile de la Fayette n'avait pas su empêcher les forfaits, et dont la garde nationale de Paris formait, tambour battant, l'avant-garde ridicule.

En trois mois, la Révolution avait fait ces deux grands pas : le 23 juin, le pouvoir était passé des mains du Roi dans celles de l'Assemblée ; le 6 octobre, le peuple seul en était le maître.

Parmi les meneurs de la sédition, à l'instant même, la rumeur publique nomma deux hommes : le duc d'Orléans et Mirabeau. Ni l'un ni l'autre n'étaient coupables. Mais des esprits clairvoyants ont pu s'y tromper. Au lendemain de ces journées tragiques, le duc d'Orléans partait pour l'Angleterre, chargé par le Roi d'une mission diplomatique — qu'il n'avait pas sollicitée. Quant à Mirabeau, après une procédure qu'on fit traîner toute une année, et qui fournit moins de preuves que de témoins, il plaida sa cause à la tribune, et l'Assemblée, qui avait alors d'autres soucis, laissa tomber des poursuites inutiles. Mallet-Dupan, après une enquête laborieuse, déclare que « Mirabeau n'a participé ni à la méditation ni à l'exécution de ces crimes ». C'est le témoignage d'un ennemi ; le plus sage est de s'y tenir.

Aussi bien, pendant les trois mois qui venaient de s'écouler, le député d'Aix avait ameuté contre lui des inimitiés redoutables. Son activité bruyante, son humeur altière, le sans-gène tranchant avec lequel il s'imposait à l'Assemblée, c'était plus qu'il n'en fallait pour le rendre insupportable aux moins patients de ses collègues. Pour beaucoup d'autres, l'envie seule y devait suffire : ceux-là subissaient avec dépit cet ascendant dédaigneux dont, chaque jour, ils sentaient croître la puissance.

Jamais il ne s'était vu dans aucun pays, jamais il ne s'est retrouvé nulle part, depuis cette époque, une réunion d'hommes plus éclairés, plus honnêtes, animés d'un patriotisme plus pur et d'un désir plus ardent de bien faire. La France avait donné vraiment le meilleur d'elle-même ! Mais, parmi tant de bons citoyens, Mirabeau était le seul politique, je veux dire le seul qui eût, sur toute chose, des vues précises, des projets arrêtés d'avance; de longues volontés qui semblaient commander l'avenir; et, en même temps, au jour le jour, à chaque embarras, à chaque obstacle, des expédients rapides pour se débrouiller et sortir d'affaire. « Où il ne faut que parler, lui écrivait le comte de Lamarck, on trouve encore des talents dans cette assemblée; là où il faut penser, vous êtes sans rivaux.... » A force de l'entendre, on s'accoutumait à l'écouter; on s'échauffait à le contredire, on s'irritait à lui répondre. Il était le ferment et le levain de ces intelligences en travail; il y faisait pénétrer l'air et la vie; il soulevait et mêlait ensemble ces germes obscurs d'où la Révolution allait éclore.

Du politique, il avait surtout la qualité maîtresse, le ressort souple et solide tendu constamment vers son but : la volonté tenace et flexible, fixe dans ses attaches, ondoyante dans ses contours. Rien de plus curieux que de suivre, heure par heure, les élans, les retours, les caprices, les contradictions irritantes de cette immuable activité.

S'agit-il d'une adresse au Roi pour demander le renvoi des ministres, le rappel des troupes et l'armement des milices, c'est lui qui la rédige et la fait voter. S'agit-il d'une adresse au peuple pour le rappeler au respect des lois, c'est lui qui la propose, sauf à combattre celle que Lally-Tollendal porte à la tribune quinze jours après lui.

Veut-on interdire aux députés d'aller discourir

dans les districts; aux communes d'envoyer des députations à l'Assemblée, il combat avec violence des motions injurieuses pour l'indépendance des citoyens et la souveraineté du peuple. Mais parle-t-on de faire recevoir par les municipalités le serment des troupes, le voilà qui défend avec ardeur le pouvoir exécutif contre les empiétements populaires et « la tyrannique autorité des communes ».

Un jour, il fera voter la loi martiale contre les émeutes; mais, le lendemain, des émeutiers ayant arrêté Bezenval, et l'Assemblée l'ayant fait relâcher, il reprochera de très haut à l'Assemblée cet abus de pouvoir et la fera revenir sur son vote.

Après quoi, lorsqu'un de ses collègues, se risquant à le railler, félicite un jour « le comte de Mirabeau de la supériorité avec laquelle il sait guider l'Assemblée vers des buts contraires », l'impatient orateur relève vertement cette boutade inoffensive comme « une injure vide de sens, un trait lancé de bas en haut, que trente volumes repoussent assez, pour qu'il le dédaigne. Nul écrivain, ajoute-t-il avec solennité, nul homme public n'a plus que moi le droit de s'honorer d'une fière indépendance, d'une uniformité de principes inflexible. »

Peut-être disait-il vrai; je crois, au moins, qu'il était sincère. Il poursuivait le même but par des routes différentes. Il voulait la même chose par des moyens contraires. Quand on l'observe de près, on croit voir, par instants, deux hommes de même force et de même taille qui, se faisant contrepoids l'un à l'autre, cherchent dans un effort commun leur aplomb et leur équilibre. Entre la cour et l'Assemblée, il ne doutait pas qu'il ne dût, un jour, dicter un accord dont il serait le négociateur et l'arbitre; créer un pouvoir dont il serait le dictateur populaire et le maître. Pour amener à son point ces volontés rétives, il appuyait plus lourdement, suivant l'occasion, sur celle qui semblait plus près d'échapper à son effort. Pour régler ces forces rebelles, il pesait tour à tour sur les deux bouts du levier.

Rien n'égalait d'ailleurs son dédain pour des résistances inutiles dont il se croyait toujours sur le point de triompher; et c'est à peine si quelques saillies arrogantes trahissaient chez lui l'ennui des obstacles et l'impatience du succès. « Qu'attendent-ils donc pour me prendre? » disait-il en parlant des ministres; — et en parlant de l'Assemblée: « Les imbéciles, je les méprise trop pour les haïr; mais je les sauverai malgré eux! »

Dire d'un homme de cette trempe : « C'est un ambitieux », quel enfantillage! Le lui reprocher, quelle niaiserie! Il était ambitieux et il devait l'être. Et plût à Dieu que la France n'ait jamais connu que des ambitieux de cette grande espèce, de cette envergure et de cette volée! Pour ceux-là, du moins, le besoin de commander est l'emploi naturel de leur génie. S'ils prennent le pouvoir, ils sont de taille à en répondre; ils sont de force à le porter; et si, par malheur, un pays lassé d'être libre remet dans leurs mains ses destinées, ils peuvent au moins lui payer la rançon de sa liberté.

Mirabeau ne connaissait pas cet amour abject de la faveur populaire qui, dans les révolutions, asservit les petites âmes, les repaît de ses vanités grossières et de ses jouissances d'un jour. Il n'était pas l'esclave de son ambition, mais son maître. Il gouvernait à son gré cette force docile, sans lui rien céder de sa volonté, de sa raison ni de ses principes; sans lui sacrifier même les goûts ou les habitudes de son esprit, les boutades de son orgueil ou les préjugés de sa naissance.

Ne prenez pas trop au sérieux les éloges qu'au lendemain du 14 juillet, du haut de la tribune, il adresse au peuple. Pour lui, « les vainqueurs de la Bastille sont les plus grands drôles de Paris ».

Ne le cherchez pas dans la séance du 4 août, dans cette nuit fameuse où ducs, marquis et barons, évêques, abbés mitrés et prieurs d'abbayes se pressent, se poussent, se culbutent à la tribune, se disputant l'honneur d'abdiquer les premiers devant la nation leurs droits féodaux et leurs privilèges. Hasard ou prudence, le comte de Mirabeau est absent. Il n'a rien mis à cette folle enchère. Il n'a pas risqué sa raison dans cette orgie; et quand il en parle le lendemain, c'est avec une résignation hautaine qui ne cache qu'à demi le fond de sa pensée : « On a été bien vite. L'Assemblée était dans un tourbillon électrique, et les commotions se succédaient sans intervalle!... Longtemps nous avons reproché à l'Assemblée nationale de s'appesantir sur des objets minutieux, de ne pas faire assez pour le bien général; et soudain, dans une seule nuit, elle décide, par acclamation, plus de vingt lois importantes. Tant d'ouvrage fait en si peu d'heures nous étonne.... »

Ce sont là, il est vrai, des objections qu'il va combattre; mais, au relief qu'il leur donne, et aux ambages dans lesquels s'embarrasse, pour y répondre, cet esprit si résolu d'ordinaire, il n'est pas difficile de voir que ces sacrifices irréfléchis coûtent presque autant à sa raison qu'à son orgueil. « Avec votre Riqueti, dira-t-il plus tard, vous avez désorienté l'Europe pendant trois jours. »

CHAPITRE III

Au mois de septembre 1789, la détresse du trésor public était à son comble. Les derniers emprunts avaient échoué. Il était trop tard pour tenter des combinaisons nouvelles. M. Necker, à bout d'expédients, avait devant lui des échéances écrasantes et des coffres vides. C'était, à quinze jours de vue, la banqueroute.

Dans de telles extrémités, il n'est habileté qui tienne. Il faut aller au plus court, droit à l'argent, et le prendre où on le trouve.

Depuis longtemps déjà cette question des finances publiques tourmentait Mirabeau. Il voyait bien que c'était de ce côté que penchait tout l'État et qu'il allait tomber; et, comme l'Assemblée, distraite à chaque instant par quelque incident imprévu, ajournait sans cesse cet examen redoutable, l'orateur la gourmandait durement : « Il est certain que si nous ne consacrons jamais aux affaires de finances que des soirées remplies de rapports, occupées par des hommes rendus de fatigue, privés du temps nécessaire pour méditer et s'instruire, nous serons assaillis au dépourvu par les plus tristes événements. Il est certain que le premier ministre des finances viendra nous déclarer incessamment qu'il est forcé de nous rendre responsables de la banqueroute. »

Le ministre vint en effet. Cinq jours après cette facile prophétie, M. Necker, au nom du salut public, demandait à l'Assemblée de voter, d'urgence, une contribution du quart des revenus; Necker, l'homme de France, on l'a vu, qui était le plus antipathique à Mirabeau; celui dont la popularité le gênait le plus, dont le crédit et la renommée lui semblaient le plus insupportable des contresens.... Quelle occasion pour accabler l'adversaire détesté, le ministre tout-puissant et incapable qui, après un règne de près de deux années, avait acculé la nation à cet abîme! Mirabeau ne songea pas un instant à cet indigne artifice. Necker seul savait le jour et l'heure où les créanciers de l'État allaient présenter leurs titres au Trésor; Necker seul tenait les clefs de la caisse et en avait touché le fond; Necker seul était assez populaire pour imposer au pays un sacrifice nécessaire. On n'avait ni le temps de vérifier ses calculs ni le loisir de contrôler ses projets. Il fallait agir, voter et payer.

Et aussitôt, comme s'il eût été l'allié le plus fidèle du ministère, l'ami le plus ardent du ministre, Mirabeau se jeta dans la lutte.

Jamais, devant les révoltes d'une assemblée tumultueuse, il ne devait montrer une plus ferme raison, un esprit politique plus sûr, une habileté plus consommée, une éloquence plus entraînante.

Pendant une journée tout entière, il fatigua la tribune de ses discours, de ses répliques, de ses adjurations pathétiques, de ses apostrophes enflammées.

« Votez donc ce subside extraordinaire, s'écrie-t-il en terminant, votez-le parce que, si vous avez des doutes sur les moyens, vous n'en avez pas sur sa nécessité et sur notre impuissance à le remplacer. Votez-le, parce que les circonstances publiques ne souffrent aucun retard et que nous serions comptables de tout délai. Gardez-vous de demander du temps! Le malheur n'en accorde pas.... Eh! messieurs, à propos d'une ridicule motion du Palais-Royal, d'une risible insurrection qui n'eut jamais d'importance que dans les imaginations faibles ou les desseins pervers de quelques hommes, vous avez entendu naguère ces mots forcenés : *Catilina est aux portes de Rome et on délibère!* Et certes, il n'y avait autour de nous ni Catilina, ni périls, ni faction, ni Rome;... mais aujourd'hui, la banqueroute, la hideuse banqueroute est là! Elle menace de consumer vous, vos propriétés, votre honneur,... et vous délibérez! »

Bien des gens, à propos de ce discours, Mme de Staël elle-même, ont accusé Mirabeau « d'astuce et de perfidie ». S'il a soutenu, sans souffrir qu'on l'examinât, dit-elle, la demande de M. Necker, c'était pour laisser au ministre tout le risque d'une situation désespérée, et pour faire peser sur lui, quoi qu'il pût faire, tout le poids d'un désastre inévitable.... C'était mal connaître et mal entendre Mirabeau. Jamais cependant il n'a parlé plus clairement, avec plus de hardiesse et de franchise. Il a dit très haut qu'à tout prendre, si tout était désespéré, mieux valait encore compromettre le ministre en faisant voter un projet hasardeux, que l'Assemblée nationale en lui laissant repousser cet unique moyen de salut. C'était le langage d'un bon citoyen et d'un sage politique. Rien ne doit donc gâter cette belle œuvre qui reste, à bon droit, un monument de patriotisme et d'éloquence.

On vient d'entendre l'orateur. Si l'on veut connaître le politique; si l'on veut considérer de près le moule puissant dans lequel sont venus se fondre, se souder ensemble, se condenser et se durcir en un bloc solide les matériaux épars qui forment les fondements de la « France contemporaine », c'est dans les travaux de l'Assemblée nationale qu'il faut suivre, jour par jour, Mirabeau; dans l'enfantement laborieux de cette constitution tant attendue, sans cesse interrompue par de violentes secousses, reprise sans cesse avec une infatigable persévérance; et qui, malgré ses défauts, ses malfaçons et ses lacunes, reste encore aujourd'hui la grande charte de la société nouvelle.

Chaque jour, à toute heure, Mirabeau est sur la

brèche, prodiguant les conseils de sa haute raison, de son intrépide sagesse; poussant et retenant tour à tour cette assemblée incertaine, téméraire et timide, pleine d'ardeur et d'inexpérience.

Au milieu de ces hommes nouveaux, de ces législateurs novices, il semble le vétéran d'une autre génération qui aurait vieilli dans les longs desseins de la politique, dans l'habitude tranquille et les traditions héréditaires de la liberté.

Quand des théoriciens impatients veulent faire voter d'urgence, avant même de discuter la Constitution, la Déclaration des droits de l'homme et du citoyen, Mirabeau modère leur ardeur. « L'homme d'État ne va pas si vite que le philosophe. Il ne livre des armes au peuple qu'en lui apprenant à s'en servir.... Une déclaration nue des droits de l'homme, applicable à tous les âges, à tous les peuples, à toutes les latitudes morales et géographiques du globe était sans doute une grande et belle idée; mais il semble qu'avant de penser si généreusement au code des autres nations, il eût été bon que les bases du nôtre fussent, sinon posées, du moins convenues.... A chaque pas que vous ferez dans les droits de l'*homme*, vous serez frappés de l'abus que le *citoyen* en peut faire! »

Quelques jours après, rapporteur d'un comité que, malgré lui, l'Assemblée avait nommé pour rédiger des projets de déclaration, Mirabeau insistait encore sur ces sages conseils; et, présentant, comme à regret, à la tribune, l'œuvre ingrate qu'on lui avait imposée : « Voilà, disait-il, le projet que votre comité vous apporte avec une extrême méfiance, mais avec une docilité profonde.... Un écueil sur lequel toucheront toutes les déclarations des droits, c'est la presque impossibilité de n'y pas empiéter sur la législation, au moins par des maximes. » Et, prenant l'un après l'autre les articles les plus dangereux de ces projets, il demandait avec énergie que la Déclaration des droits de l'homme ne fût point « jetée en avant de la Constitution dont elle est la base, afin que les principes de la liberté, accompagnés des lois qui en dirigent l'exercice, soient un bienfait pour le peuple et non pas un piège ».

Comme Malouet, comme le sage Mounier, Mirabeau voulait voter la Déclaration; mais ce qu'il voulait aussi, c'était qu'elle fût discutée seulement lorsqu'une loi positive en aurait précisé le sens, et aurait ajusté aux nécessités de la politique ces maximes abstraites dont les généralités philosophiques auraient pu, « jetées seules en avant », égarer les esprits et porter le trouble dans l'État.

Il avait deux fois raison, à mon sens; et ces « grands principes de 89 », qu'il est de bon goût de railler aujourd'hui, doivent rester fort au-dessus de ces frivoles dédains. Ils étaient alors dans tous les cœurs et sur toutes les lèvres. Ils étaient écrits dans les cahiers de tous les bailliages, même dans les cahiers de la noblesse et du clergé. Ils formaient, avec quelques variantes, le préambule des constitutions que, tour à tour, chacun des États de l'Amérique affranchie venait de se donner. Plus tard, ils se retrouveront au fond de toutes les constitutions que, tour à tour, essaiera la France; et la charte de 1814 n'en est guère que la paraphrase et le développement monarchique.

En 1789, il fallait que ces principes fussent proclamés solennellement. Car, on a beau dire, la force et le hasard ne mènent pas seuls les affaires de ce monde. Après une longue servitude, ou après une longue anarchie, il vient un temps où une nation a besoin de se recueillir, de se tâter et de se reprendre. Il faut qu'elle sache où elle en est, ce qu'elle croit, ce qu'elle sait, ce qu'elle veut, et qu'elle se le dise à elle-même. Ce ne sont là ni de vains discours ni une rhétorique inutile.

Il y a cent ans, en France, après deux siècles de gouvernement absolu, pendant lesquels « l'homme et le citoyen » n'avaient eu, à vrai dire, aucun droit bien assuré, « la Déclaration des droits de l'homme et du citoyen » était l'expression nécessaire d'un besoin légitime. J'ose prévoir que, par des routes très différentes et par un retour inévitable de la conscience nationale, la France en reviendra là dans quelques années. Après un siècle d'anarchie morale et politique, pendant lequel « l'homme et le citoyen » auront été flattés sans mesure, exaltés sans pudeur, rassasiés d'orgueil et de licence, un cri de lassitude et de dégoût sortira de tous les cœurs; et, république ou monarchie, un gouvernement sage proclamera, devant la nation satisfaite, non plus les droits, mais « les devoirs de l'homme et du citoyen ». Ce jour-là, Dieu veuille que la France ait dans ses conseils un autre Mirabeau!

CHAPITRE IV

Dans ce petit livre, qui n'a aucune visée *documentaire*, je ne peux ni rapporter ni analyser avec quelque étendue ses innombrables discours. Indiquer les plus importants, les noter d'un mot, les marquer d'un trait, c'est tout ce que peut faire un écrivain qui n'a, en politique, ni juridiction ni compétence. Mais j'ose dire qu'il n'est citoyen de France, aspirant à tenir sa place dans le gouvernement de son pays, qui n'ait le devoir d'étudier avec attention ces grandes œuvres. Les hommes de mon âge y verront le plan majestueux et bien ordonné de l'édifice politique à l'abri duquel la France a passé les années les plus heureuses de ce siècle qui va finir. Ils y retrouveront avec étonnement la plupart des grandes questions constitutionnelles qui, pendant plus de trente ans, ont agité nos assemblées. Quant aux jeunes gens, quel que puisse être leur dédain pour cette éloquence démodée et pour ces discours centenaires, qu'ils y regardent de près! C'est, je crois, la plus forte école oratoire et politique à laquelle ils se puissent instruire.

Veut-on connaître comment, dans une monarchie constituée, les pouvoirs publics doivent se balancer, se faire contrepoids et se tenir en équilibre? Qu'on lise le discours sur la sanction royale, sur ce *veto* fameux dans lequel la stupidité populaire croyait voir un être vivant, je ne sais quel fonctionnaire monstrueux de la cour; ce *veto* dont les mensonges de la presse avaient fait l'épouvantail grotesque et le mannequin sanglant du despotisme. Je ne sache pas que, nulle part, la théorie du gouvernement représentatif dans un pays libre ait été plus clairement exposée; je ne crois pas que jamais on ait mesuré d'une main plus sûre les garanties mutuelles que se doivent le pouvoir et la liberté.

Des citations écourtées ne donneraient aucune idée de cette discussion puissante. Mais Mirabeau l'avait résumée d'avance, lorsque, dans une des premières séances de l'Assemblée, couvrant généreusement M. Necker contre les outrages de ses ennemis, il leur jetait cette apostrophe : « Et moi, je crois le *veto* du Roi tellement nécessaire que j'aimerais mieux vivre à Constantinople qu'en France s'il ne l'avait pas. Oui, je le déclare, je ne connaîtrais rien de plus terrible que l'aristocratie souveraine de six cents personnes qui, demain, pourraient se rendre inamovibles, après-demain héréditaires, et finiraient, comme toutes les aristocraties du monde, par tout envahir. »

Il n'y a plus en France, aujourd'hui, ni roi, ni aristocratie, ni *veto*; mais il y a toujours des Assemblées, et, fût-ce des assemblées républicaines, elles peuvent faire leur profit de cette prophétique leçon.

Même sagesse, même clairvoyance, lorsque, pressentant les conséquences d'une abdication qui devait être bientôt si funeste, Mirabeau demande vainement que les membres de l'Assemblée constituante puissent être élus aux Assemblées qui viendront après elle.

Et, à quelques jours de là, quand Blin et Lanjuinais proposent que le Roi ne puisse pas prendre ses ministres parmi les membres de la représentation nationale, avec quelle énergie il combat cette motion inconsidérée! « Je ne puis croire... que la confiance accordée par la nation à un citoyen doive être un titre d'exclusion à la confiance du monarque.... Je ne puis croire que l'on veuille faire cette injure au ministère de penser que quiconque en fait partie doit être suspect par cela seul à l'Assemblée. »

Des murmures l'interrompent : ce que plaide là Mirabeau, c'est sa propre cause! Il veut, tout en restant député, devenir ministre! Il négocie, dans ce but, avec la cour.... Il veut assurer au gouvernement dont, demain, il sera le chef, le profit de sa parole et l'ascendant de son éloquence! Eh! qui le nie? « Mais vaut-il donc mieux que le Roi choisisse ses ministres parmi ses courtisans que parmi les élus du peuple? » Puis, impatienté de ces vains détours, allant droit à ses adversaires, sûr de lui-même et se montrant bien en face : « Voici, messieurs, l'amendement que je vous propose : c'est de borner l'exclusion à monsieur de Mirabeau, député des communes de la sénéchaussée d'Aix ! »

« La loi fut portée, dit M. de Lamartine, Mirabeau ne fut pas ministre, et la France fut privée des services réparateurs du plus grand génie politique que les temps modernes aient enfanté. »

Qui ne connaît le discours et la réplique sur l'exercice du droit de paix et de guerre, cette action oratoire mémorable qui, pendant deux jours tout entiers, malgré les agitations du dedans et les clameurs du dehors, tint l'Assemblée sous le joug de cette irréfutable éloquence ?

Par l'importance du sujet, par l'ampleur du développement, c'est peut-être l'œuvre la plus considérable que Mirabeau ait portée à la tribune. On y trouve un traité superbe de philosophie politique; l'exposé le plus saisissant du rôle que, vis-à-vis de l'étranger, la nation doit laisser à son souverain ; enfin la revendication énergique de la liberté, du droit et du pouvoir qui, en ces rencontres décisives, appartiennent au Roi et ne peuvent appartenir qu'à lui seul.

Vainement, avec un art infini, Barnave s'efforce de disjoindre ces raisonnements serrés et rivés l'un à l'autre dans une trame impénétrable ; vainement, il tâte les joints et cherche le défaut de l'armure. La réplique de Mirabeau met toutes ces habiletés en déroute. C'est un pur chef-d'œuvre. Pas un trou, pas un vide, pas une faute; une discussion rapide qui va, qui marche, qui avance, qui se rassemble et se ramasse à chaque pas, poussant l'obstacle devant elle, avec la précision tranquille d'une machine que rien n'arrête. De temps en temps, une pause : « On ne me répond pas? Je continue. » Et comme, pour son malheur, Barnave avait parlé de finesse et de piège, l'autre relève le mot, le redresse, le forge à sa main, et, pendant une demi-heure, on entend ce mot, toujours le même, qui scande la fin de chaque phrase comme le bruit d'un marteau retombant, à temps égaux, sur l'enclume : « Le piège : où est le piège? où est le piège? où est le piège? »

Pendant que Mirabeau parlait ainsi, on l'accusait publiquement d'être acheté par la cour. En défendant avec tant d'ardeur les prérogatives du Roi, il ne faisait, disait-on, qu'exécuter les conditions de son marché. Le jour même où il allait répondre à Barnave, les injures et les pamphlets venaient l'atteindre jusqu'aux portes de l'Assemblée. Rien ne put ébranler sa constance : « Et moi aussi, dit-il au début de sa réplique, on voulait, il y a peu de jours, me porter en triomphe; et maintenant on crie dans les rues : *La grande trahison du comte de Mirabeau!* Je n'avais pas besoin de cette leçon pour savoir qu'il est peu de distance du Capitole à la roche Tarpéienne;... mais ces coups de bas en haut ne m'arrêteront pas dans ma carrière. Répondez, si vous pouvez; vous calomnierez ensuite tant que vous voudrez. »

On sait comment, dès cette époque, la justice du peuple punissait la trahison et les traîtres. « Citoyens, écrivait Marat dans *l'Ami du Peuple*, élevez huit cents potences. Pendez-y tous ces traîtres, et à leur tête, l'infâme Riqueti l'aîné !... » Mirabeau, dans ce grand débat, jouait donc plus que sa popularité. Il risquait sa vie; et c'est son courage qu'il faut louer ici plus que son discours; non pas seulement ce courage oratoire, cette bravoure un peu théâtrale qu'anime le bruit de la parole et que la fanfare des mots accompagne; mais ce mépris du danger, cette intrépidité native, de tempérament et de race, qui faisait le fond de son éloquence parce qu'elle était le fond de toute sa vie.

« Je répondrai en homme que n'étonnent pas plus les battements de mains que les murmures », disait-il en tenant tête aux menaces des gens de la gauche. Et, quelques jours après, bravant les insultes de ses adversaires, faisant entendre aux représentants d'un peuple libre les paroles que, huit années auparavant, il adressait au plus dur des despotes, il adjurait l'Assemblée de rejeter, sur son titre seul, sans en permettre la lecture, un projet de loi contre les émigrés.

« L'homme ne tient pas par des racines à la terre; ainsi, il n'appartient pas au sol. L'homme n'est pas un champ, un pré, un bétail; ainsi il ne saurait être une propriété. L'homme a le sentiment intérieur de ces vérités simples; ainsi, l'on ne saurait lui persuader que ses chefs aient le droit de l'enchaîner à la glèbe.... » Puis, se retournant vers les membres du comité qui proposait le projet de loi : « Je déclare que je me croirais délié de tout serment de fidélité envers ceux qui auraient l'infamie de nommer une commission dictatoriale.... La popularité que j'ai ambitionnée, et dont j'ai eu l'honneur de jouir comme un autre, n'est pas un faible roseau ; c'est dans la terre que je veux enfoncer ses racines, sur la base de la raison et de la liberté.... Si vous faites une loi contre les émigrants, je jure de n'y obéir jamais. »

Et comme les murmures redoublent à gauche, dans ce petit groupe de factieux où siègent Rewbell et Merlin, qui s'efforcent de maîtriser l'Assemblée par la crainte des violences populaires : « Silence aux trente voix ! » s'écrie l'orateur ; et, en quelques mots, il achève tranquillement son discours.

J'arrête là des citations déjà trop nombreuses. Elles ne seront pourtant pas inutiles si elles donnent à quelques lecteurs la curiosité de ces discours mal connus, que rien ne saurait faire oublier, pas même l'éloquence du temps où nous sommes.

CHAPITRE V

Mais qu'est-ce que des discours lus ainsi à distance et à loisir? A peine la moitié de l'éloquence. Ce qui manque à ces pages immobiles, c'est un souffle vivant qui les soulève; qui anime les mots muets et les fasse parler. Ce qu'il faudrait avoir devant les yeux, ce n'est pas le discours, mais l'orateur, la tribune et le public : c'est-à-dire le comédien, la scène et le théâtre. Il faudrait voir l'homme, suivre le labeur précipité de sa pensée, entendre sa voix, saisir son geste, son regard, le frémissement de ses lèvres; écouter les murmures qui l'interrompent; compter les mains qui l'applaudissent et les bras qui le menacent; se mêler à la foule où, choristes et coryphées, s'agitent les comparses tumultueux de ce grand spectacle.

Ici, l'homme est de stature ordinaire, épais, massif, large d'épaules, bien d'aplomb sur des jambes solides; tout en force. La face est énorme, laide, trouée de cicatrices, avec les traits rugueux d'un sphinx mutilé par le temps, aplatis et comme écrasés. Toute la vie est dans les yeux; un charme étrange dans le sourire. La tête est grossie comme à dessein par le fouillis ébouriffé d'une chevelure insolente. Tout le personnage est extraordinaire, presque comique, avec des élégances et des politesses prétentieuses de provincial endimanché. Dès qu'il parle ou qu'il cause, ce gros homme déplaisant s'allège, se dégage et embellit. Ces lèvres épaisses s'abaissent avec dédain ou sourient avec grâce. Il a, tour à tour, « de certains yeux couchés » ou bien des regards chargés d'éclairs. Quoi qu'il dise, on l'écoute. Il captive ceux qu'il veut séduire, il fait peur aux autres. Il y prend plaisir, il s'en vante sans façon, avec cette ingénuité fanfaronne qui fait que, dans son pays de Provence, on se tutoie soi-même avec bienveillance, et qu'on parle de soi comme s'il s'agissait d'un autre. « On ne connaît pas toute la puissance de ma laideur. Quand je secoue ma terrible hure, il n'y a personne qui osât m'interrompre. » Entendez cela! Il n'y manque que l'accent pour qu'on se sente de l'autre côté de la Durance.

La voix est souple, changeante, habile; forte et vibrante, disent les uns; tonnante, disent les autres; « mielleuse », a écrit l'*Ami des hommes*. S'il faut en croire un collègue de Mirabeau, qui l'entendait tous les jours, c'était une voix « argentine ». Cela veut dire, en somme, qu'elle était tout ce qu'elle voulait être, se prêtant tour à tour à tous les tons et à tous les rôles; comme le geste, comme l'attitude du corps et l'air du visage. Voilà pour le dehors et l'expression matérielle du discours. *Sermo corporis*, disaient les anciens; le langage du corps qui n'est pas toute l'éloquence, mais sans lequel il n'y a pas d'éloquence. On n'est pas tant orateur par ce qu'on dit, mais par ce qu'on est. Voyons le reste.

Pendant longtemps, quand on avait prononcé le nom de Mirabeau, on croyait avoir dit : l'improvisateur,... l'homme qui parle sans préparation, sans étude, sans effort, presque malgré lui; « un instant avant d'avoir pensé », suivant le mot de La Bruyère. Cette erreur n'est plus permise aujourd'hui. Comme tous les orateurs de son temps, et si étrange que cela nous puisse paraître, Mirabeau prononçait des discours écrits, écrits par lui, ou par d'autres. Ceux qui l'ont entendu nous l'affirment, et ses manuscrits, qui existent encore, rendent leurs témoignages inutiles. Il lisait, à la tribune, des traités véritables qu'il avait préparés lui-même, ou dont ses secrétaires lui avaient fourni le fond et souvent dégrossi la forme; de cette collaboration profitable, il ne faisait aucun mystère,... ses collaborateurs bien moins encore.

Mais aux dissertations politiques de Pellenc, aux études économiques de Du Roveray, à l'éloquence genevoise d'Étienne Dumont et de Reybaz, il ajoutait, quand le sujet en valait la peine, ce que, tous ensemble, ils ne pouvaient pas lui donner. Cet emprunteur magnifique leur rendait en une minute, au centuple, ce que, sur leurs lentes épargnes, ils lui avaient pu prêter. C'était un mot, une phrase, un geste; un sourire d'intelligence au jeune Barnave; un regard terrible « assené » aux Lameth ou à Maury; une apostrophe « aux trente voix », avec un froncement de sourcils et un hochement de « sa terrible hure ».

Avec un art infini, avec une dextérité prodigieuse, il coupait, il élaguait, il ajoutait; il cousait ensemble des morceaux disparates qu'il reliait par des reprises rapides à la trame dont sa main puissante tenait tous les fils. C'était là son œuvre; et si le manuscrit était aux autres, le discours était bien à lui.

Ce n'était pas seulement ses secrétaires qu'il employait à son éloquence; une note qu'on lui faisait passer quand il montait les marches de la tribune, un mot qu'il venait d'entendre dans la salle, tout lui était bon. « Quand il t'aura volé une idée, écrivait son père, il a tant de confiance et d'audace qu'il la fera ronfler tout de suite en belles phrases. » Ce n'est là qu'une boutade du marquis, mais où il y a pourtant un grain de vérité. L'art et le métier de l'orateur, ce n'est pas d'avoir beaucoup d'idées qui n'appartiennent qu'à lui, mais de saisir promptement, d'où qu'elle vienne, celle qui convient précisément au temps où il parle, au lieu où il parle et aux gens qui l'écoutent. Un seul mot fait souvent la fortune d'une journée. Il s'agit de le trouver et de le dire.

Forum et Jus! Forum et Jus!!! Je me souviens

qu'un jour, avec ce vieux dicton, répété vingt fois, Berryer nous a tenus haletants pendant toute une heure. Berryer ne se souciait guère des citations et du latin ; il se rappelait assez peu les adages de l'école, et il n'aurait pas trouvé celui-là. C'était Dupin l'aîné qui venait de laisser tomber ces deux mots, en causant, un instant avant l'audience ; mais ils résumaient d'une façon si frappante tout le procès, qu'une fois l'orateur debout, ils sont venus d'eux-mêmes, et comme malgré lui, se placer sur ses lèvres.

En lisant ses discours, Mirabeau ne faisait que suivre l'usage et la mode de son temps. Il nous le dit lui-même : « A l'Assemblée, c'étaient des délibérations qui ressemblaient plutôt à des séances académiques qu'à des débats approfondis et réguliers ; des discours laborieusement travaillés dans le silence du cabinet, prononcés avec solennité à la tribune aux harangues ; où l'on observait plutôt la différence des compositions que celle des pensées ; où chacun, plus empressé à soutenir son opinion qu'à discuter celle des autres, répondait ordinairement à tout, excepté à ce qu'on avait dit. » — « J'ai autant parlé que lu », ajoute-t-il avec orgueil à propos d'un de ses plus beaux discours.

Au reste, ce qu'il faut admirer le plus, dans Mirabeau, ce ne sont pas les grands coups d'éloquence, comme dans la discussion sur le *veto* royal, comme dans le discours sur le droit de paix et de guerre ; c'est la suite, l'enchaînement solide des idées, la raison continue, le bon sens infatigable, l'abondance des ressources, l'à-propos toujours prêt; la vie enfin qui anime tout; la bonne humeur généreuse qui fait tout passer, et cette terrible familiarité qui le mettait partout à son aise et de plain-pied avec tout le monde. « J'ai toujours remarqué, comme la preuve d'un très bon esprit, qu'on fît son métier gaiement. »

Les mots de Mirabeau sont restés plus que ses harangues; car ce lecteur incomparable, ce raisonneur correct et tenace, n'en était pas moins un merveilleux improvisateur. Si, dans ses discours, il allait ordinairement droit au but, dans ses répliques, il allait toujours droit à l'homme. « Qu'importent les feuilles du soir! Allons à la question! » répondait-il à un interrupteur qui le menaçait de la colère des journaux. A l'abbé Maury qui venait de disserter longuement sur les biens du clergé : « Il m'a été difficile de deviner si le préopinant est monté à la tribune pour son plaisir ou pour le nôtre ». Et, comme il soutenait un jour, au milieu des murmures de la gauche, une proposition favorable à la religion : « Je supplie la partie de l'Assemblée qui m'interrompt d'observer que je ne vise pas à un évêché ».

Quoiqu'il se piquât de philosophie et de « métaphysique », jamais homme n'eut moins de goût pour les théories abstraites, et ne fut moins enclin aux utopies. Il estimait que, dans la politique, les occasions, les expédients et le hasard tiennent presque autant de place que les principes : « Autre chose est de voyager sur une mappemonde, ou de marcher sur la terre », a-t-il répété souvent.

Dans cette assemblée, qu'il dépassait de tout son génie, les auxiliaires et les adversaires ne lui manquaient pas; auxiliaires incertains et défiants dont ses brusques incartades déconcertaient trop souvent le zèle : Mounier, Malouet, les deux La Rochefoucauld, Bailly, Talleyrand, Lally-Tollendal; — adversaires éloquents, ardents et habiles : Barnave, qu'il ménageait et qu'il malmenait tour à tour; les frères Lameth, qu'il traitait comme des malfaiteurs; l'abbé Maury, qui se plaisait à le harceler de ses escarmouches hardies. Mais, au milieu de ses colères oratoires, jamais il ne connut la rancune ni l'envie; en dépit des passions tyranniques contre lesquelles elle ne savait pas se défendre, il y avait, au fond de cette âme bien née, je ne sais quelle grandeur souveraine où des rivalités mesquines ne pouvaient atteindre.

Quelle place aurait tenue cet homme étrange parmi les orateurs et les politiques de notre temps? Il serait trop long de le chercher ici, et peut-être indiscret de le dire. J'ai parlé tout à l'heure de Berryer. Malgré moi, ce grand nom se présente encore à ma pensée, mêlé aux souvenirs lointains de ma jeunesse et aux travaux de toute ma vie. De tous les orateurs que j'ai entendus depuis cinquante ans, il est le seul qui, à tort ou à raison, m'ait fait songer quelquefois à Mirabeau. L'ampleur, la souplesse, l'émotion sonore de la voix, le feu du regard, l'autorité naturelle du geste, la puissance agitée de toute la personne. Voilà bien — sauf l'attrait particulier de la laideur — tous les dehors oratoires par lesquels ils se rapprochent l'un de l'autre. Dans la discussion, le début un peu lent, l'envolée un peu lourde; mais une fois partis, le même élan rapide et sûr, la même largeur de vues; la même hâte loyale d'aller droit au but; un bon sens souverain, dédaigneux des arguties et des procédures; une entente des affaires admirable, avec une ardeur d'imagination singulière; puis, tout à coup, de profondes échappées de cœur et de larges éclairs qui vont jusqu'au bout de l'horizon. Entre ces deux grands « prodigueurs de vie », malgré tout ce qui les sépare, peut-être trouverait-on encore d'autres ressemblances....

Quoi qu'il en soit, chaque époque a ses orateurs, dont les succès passent vite, dont les triomphes durent peu; et qui, une fois leurs lèvres closes, vivent plus par leur renommée que par leurs discours. Ce n'est pas sur des pages muettes et sur des écrits décolorés qu'on peut juger, à cent ans de distance, ces ouvriers d'un jour. Il faut en croire leurs contemporains, ceux qui ont pu les voir et les entendre, qui ont senti de près la secousse de leur parole et le contre-coup de leur éloquence. Ceux-là, sans que nous puissions nous y méprendre, ont donné à Mirabeau la première place. Elle ne lui sera jamais enlevée.

CHAPITRE VI

Tandis que les républicains et les démocrates accusaient Mirabeau de trahir le peuple, le parti de la cour l'accusait de perdre le Roi, et de précipiter de tout son poids la chute de la royauté.

Depuis vingt ans, ses livres, ses discours, ses actions désordonnées, sa vie tout entière, n'étaient-ils pas une insurrection permanente contre tous les principes et toutes les lois, contre les traditions et les conventions séculaires sur lesquelles reposent, en France, l'ordre social et la monarchie?

Depuis qu'il est entré dans la vie publique et s'est fait un personnage, ne l'entend-on pas chaque jour, dans ses harangues véhémentes, exalter l'indépendance du citoyen, la toute-puissance du peuple, la souveraineté de l'Assemblée; cachant mal ses desseins sous des artifices inutiles, et dépouillant peu à peu la royauté de tout son prestige en lui arrachant l'un après l'autre tous ses pouvoirs?

N'est-ce pas lui qui, le 23 juin, avait donné le signal de la révolte et foulé aux pieds les ordres du Roi?...

N'est-ce pas lui qui, peu de jours après, en face d'une sédition menaçante, avait forcé le prince à renvoyer les troupes appelées pour sa défense?

Durant les sinistres journées d'octobre, ne trouvait-on pas sa main dans la main des factieux qui conspiraient la chute ou l'usurpation du trône?

C'est ainsi que, du vivant même de Mirabeau, aux yeux des gens de cœur qui demeuraient fidèles aux souvenirs du passé, la Révolution, dans ses premiers excès, avait emprunté et comme revêtu l'image de cet homme. C'est ainsi qu'après sa mort, dans ce parti respectable, la terreur et la haine de Mirabeau sont restés comme une légende immuable, que n'ont pu détruire ni les leçons de la politique ni les révélations de l'histoire.

Chateaubriand raconte, dans ses *Mémoires*, que, tout jeune encore, il fut présenté au comte de Mirabeau, alors dans toute sa gloire. « Il me regarda, écrit-il cinquante ans après, avec ses yeux d'orgueil, de vice et de génie; et, m'appliquant sa main sur l'épaule, il me dit : « Mes ennemis ne me pardonne- « ront jamais ma supériorité.... » Je sens encore l'impression de cette main, comme si Satan m'eût touché de sa griffe de feu! »

Satan! c'était peut-être beaucoup dire; et, avec M. de Chateaubriand, surtout quand il parle de lui-même, on doit toujours se défier un peu du surnaturel. Mais, à l'exagération même de l'image, à cette terreur superstitieuse qui, au bout d'un demi-siècle, agitait encore l'âme impassible de René, on comprend bien l'effroi religieux que, même aujourd'hui, le nom de Mirabeau inspire aux croyants de la vieille foi monarchique.

En chargeant ainsi Mirabeau de leurs anathèmes, les royalistes oublient bien des choses. Ils oublient, d'abord, quels furent, dans la noblesse de France, ses devanciers, ses émules et ses complices; quels noms illustres avaient patronné, avant lui, la plupart des idées qu'il devait défendre plus tard. Ils oublient ces grands seigneurs qui hantaient, vingt ans auparavant, l'entresol suspect du docteur Quesnay et le salon frondeur de l'*Ami des hommes*; ceux qui, dans le même temps, se disputaient les faveurs obséquieuses de Voltaire et l'ingratitude maussade du citoyen de Genève; ces courtisans qui, derrière le prince de Conti, allaient, en dépit des arrêts du Parlement, s'inscrire en foule à la porte de Beaumarchais condamné. Faut-il rappeler que, dès 1775, en plein Parlement, dans un procès où le duc de Richelieu avait obtenu contre un de ses créanciers une lettre de cachet, on avait vu, « dans les princes du sang le prince de Conti, et dans les pairs M. de la Rochefoucauld, se distinguer par une éloquence très énergique, et s'élever avec force contre les abus de pouvoir... »?

Les Mirabeau ne sont donc pas les seuls aristocrates qu'ait touchés le souffle des idées nouvelles, qui aient signalé les abus de l'ancien régime, les dangers qu'ils faisaient courir à la monarchie, et les réformes nécessaires qui pouvaient conjurer sa ruine.

Bien avant la convocation des États généraux, le duc de Lauzun, l'abbé de Périgord et bien d'autres étaient les confidents, les familiers, les correspondants politiques de Mirabeau. Ils sont, jusqu'à la fin, restés ses amis; et sur son lit de mort, c'est l'évêque d'Autun qu'il a chargé de lire à la tribune son dernier discours.

Le 4 mai 1789, c'est un Montmorency qui, le premier, proposait l'abolition des privilèges.

Huit jours avant la prise de la Bastille, dans la députation qui allait imposer au Roi le renvoi des troupes, on pouvait voir le duc de la Rochefoucauld et le duc de Clermont-Tonnerre marcher coude à coude avec Robespierre, Buzot et Péthion. Enfin, après le 6 octobre, au Palais-Royal et au Luxembourg, deux princes du sang laissaient discuter devant eux la vacance du trône et les chances redoutables qui pouvaient les y appeler l'un ou l'autre....

Dirai-je que Mirabeau ne se trompa jamais; qu'il fut toujours clairvoyant et sage; qu'il n'a point hâté, par la violence de ses discours, des catastrophes que peut-être il aurait pu prévenir? Non pas; mais pour juger les hommes de ce temps, surtout les hommes de cette taille, il faut se bien représenter le monde dans lequel ils ont vécu : il faut recon=

struire par la pensée l'édifice politique qu'ils ont habité les derniers, qu'ils ont senti lentement fléchir, et dont ils s'efforçaient d'étayer les ruines; édifice chancelant sous le poids des siècles, où une génération nouvelle, turbulente et sans gène, se pressait en tumulte dans les compartiments symétriques de l'architecture d'autrefois. Les angles, les agencements, les decors, les *êtres* du passé gênaient presque partout les goûts, les exigences, les nécessités de ce monde nouveau. Dans cette bâtisse incohérente, tout le monde s'ingéniait à parler la même langue, mais avec des accents divers et des vocabulaires différents. Le Roi, le chapeau sur la tête, entouré des hérauts d'armes du moyen âge, s'essayait loyalement, mais non sans effort, à prononcer dans ses discours les mots difficiles de liberté, d'égalité, de constitution; tandis que les députés du Tiers-État, l'esprit brouillé par les visions de Jean-Jacques, par les moqueries de Voltaire et par les livres des philosophes, ne voyaient déjà plus dans la royauté qu'une image confuse où, malgré eux, l'idole somptueuse d'autrefois disparaissait peu à peu sous les traits amincis de l'*Exécutif*, mandataire salarié de la nation et chef constitutionnel de l'État.

Pour comble de désordre, le Roi et les représentants de la nation ne correspondaient entre eux qu'à distance, avec la défiance mutuelle de deux pouvoirs jaloux l'un de l'autre, dont l'un avait toujours peur de trop céder, l'autre de ne pas assez prendre.

Qu'on ajoute à tout cela l'irrésolution maladive du

souverain, l'insuffisance des ministres, les menées irritantes de la cour, l'inexpérience présomptueuse d'une assemblée tout infatuée de son importance ; enfin, pour en revenir à Mirabeau, une ambition maladroitement rebutée, irritée par des refus qui révoltaient à la fois l'orgueil de l'homme, l'intelligence du politique et le patriotisme du citoyen ; on comprendra mieux, alors, les excès de langage où le grand orateur s'est trop souvent emporté ; on excusera peut-être aussi les alliances équivoques dans lesquelles il cherchait des sûretés pour sa personne, des appuis pour ses desseins et des auxiliaires pour sa fortune.

Mais à quoi bon tant de discours ? Entre lui et la postérité, Mirabeau n'a voulu ni avocats ni arbitres. Contre des accusateurs passionnés qui le dénoncent comme l'ennemi implacable de la monarchie et lui demandent compte de sa ruine, il entend se défendre lui-même. Il produit ses pièces. Il cite ses témoins ; il dicte fièrement ses aveux. Et si, par instants, cette défense hautaine étonne le public ou scandalise le juge, personne, que je sache, n'a le droit d'y rien changer, ni d'en rien distraire.

CHAPITRE VII

Le 17 juillet 1790, le comte de Mirabeau, inquiet et malade, écrivait au comte de Lamarck, le billet suivant : « Voilà, mon cher comte, deux paquets que vous ne remettrez qu'à moi, quelque chose qu'il arrive ; et qu'en cas de mort vous communiquerez à qui prendra assez d'intérêt à ma mémoire pour la défendre ! »

Et le lendemain : « Mon courage est très ravivé de l'idée qu'un homme tel que vous ne souffrira pas que je sois entièrement méconnu. Ou je serai moissonné bientôt, ou je laisserai dans vos mains de nobles éléments d'apologie ! »

Enfin, trois jours avant sa mort : « Mon ami, dit-il au comte de Lamarck, j'ai chez moi beaucoup de papiers compromettants pour bien des gens,... surtout pour ceux que j'aurais tant voulu arracher aux dangers qui les menacent. Emportez-les, mettez-les à l'abri de mes ennemis,... mais promettez-moi qu'un jour ces papiers seront connus, et que votre amitié vengera ma mémoire en les publiant. »

Quel était cet ami fidèle à qui Mirabeau confiait ainsi la garde de son honneur? Que contenait ce dépôt qu'il remettait entre ses mains avec tant de solennité? C'est là une histoire qui est restée pendant longtemps obscure, mais que sa volonté formelle, on le voit, a rendue publique aujourd'hui.

Le comte de Lamarck était un gentilhomme de grande race et de grand cœur ; — étranger d'origine, mais apparenté aux plus illustres familles de la noblesse française; acclimaté dès sa jeunesse à la France, et qui avait pris une place distinguée dans ses armées ; un officier intelligent et brave qui avait bien servi, dans l'Inde, sous les ordres du comte de Bussy et du bailli de Suffren; sujet dévoué du Roi, ami respectueux de la reine; esprit clairvoyant et sûr, dont aucun préjugé ne faussait la justesse, dont aucune passion équivoque ne gênait la liberté.

Il est mort en 1833, laissant à M. de Bacourt, pour les publier, et sa correspondance avec Mirabeau et ces papiers précieux qu'au moment de mourir, celui-ci lui avait confiés. Comme on l'a vu, c'est sur ces documents, deux fois authentiques, que le grand orateur a voulu être jugé. Aux risques et périls de sa mémoire, il faut donc étudier de près les pièces de ce grave procès, ou du moins en résumer le sens et la portée.

Avant l'ouverture des États généraux, le hasard avait amené entre M. de Lamarck et Mirabeau des rencontres passagères et courtoises. Devenus députés l'un et l'autre, Lamarck s'était pris d'une sorte de tendresse généreuse pour ce grand lutteur dont il devinait les angoisses. Après ses plus beaux discours, quand le bruit des applaudissements et des murmures était tombé, il le voyait isolé dans son éloquence, suspect à tout le monde, relégué dans sa puissance solitaire, entre la haine envieuse de ceux qu'il combattait et la médiocrité méfiante de ceux qu'il voulait servir. Sous l'emportement de sa parole, sous la violence des apostrophes, à travers le bouillonnement de cette éloquence impétueuse, l'observateur attentif sentait bien le fond de raison solide et de sagesse profonde qui était comme le flot large et tranquille de cette écume. Sous le tribun il voyait percer l'homme d'État. Il rêvait le ministre tout-puissant de la royauté pour longtemps affermie, ou le dictateur populaire de la révolution arrêtée pour un jour.

Peu à peu, malgré les distances qui les séparaient, une sympathie secrète et sincère porta ces deux hommes l'un vers l'autre. Le comte de Lamarck devint le confident de Mirabeau, son ami, le consolateur de ses ennuis, le conseiller de ses ardentes incertitudes : il faut bien le dire aussi, la providence toujours prête de sa vie besogneuse et de ses finances en désordre.

J'ai lu dans un ouvrage remarquable que le comte de Lamarck était « un intrigant émérite », et qu'il avait été, par ses avances perfides, « le mauvais génie de Mirabeau ». Je n'ai rien trouvé, nulle part, qui justifie un pareil reproche; la vie tout entière de cet honnête homme aurait dû suffire à l'en défendre.

Par le tour naturel de leurs entretiens, sans aucune arrière-pensée dont il dût rougir, Lamarck en vint à penser qu'entre son ami et son maître, le fond des idées ne différait guère; que Louis XVI ne voulait pas plus reprendre le pouvoir absolu de ses ancêtres que Mirabeau ne souhaitait le renversement de la monarchie; mais qu'à vrai dire, des malentendus et des maladresses empêchaient seuls un rapprochement nécessaire au salut du pays et du trône. Il résolut de le tenter.

Du côté de Mirabeau, il ne devait point rencontrer d'obstacles. A la veille comme au lendemain de l'ouverture des États généraux, dans toutes les occasions, par toutes les échappées, malgré ses violences de tribune et de théâtre, l'habile politique s'était offert et avait essayé de s'imposer au pouvoir. Sans embarras, presque sans mystère, avec cette assurance superbe qui n'était que la conscience ingénue de sa force, il avait sans cesse fait connaître à la cour que lui seul pouvait et devait sauver la monarchie. Ses relations orageuses avec M. de Calonne, sa brusque entrevue avec M. Necker, sa correspondance avec le comte de Montmorin avant les élections, son discours manqué le jour de l'ouverture des États, le mémoire secret qu'il avait fait remettre au Roi le 15 octobre 1789, n'étaient que des épisodes de cette campagne opiniâtre où, il faut sans cesse le redire, la passion du bien public tenait autant de place que le souci de la grandeur et le besoin de la fortune.

Du côté de la cour, le cérémonial, l'étiquette et la routine rendaient la tentative plus difficile. A force de patience, le comte de Lamarck en vint à bout.

Il parvint à faire lire, d'abord au comte de Provence, puis à la Reine, enfin au Roi, les notes et les mémoires où, jour par jour, Mirabeau entassait, pêle-mêle, toutes ses idées et toutes ses craintes; les plans qu'il formait pour modérer l'Assemblée, la dominer ou l'anéantir; les projets hardis qu'il avait conçus pour sauver la monarchie déjà visiblement menacée, et dans lesquels la sûreté du Roi tenait toujours la première place.

Quant au profit personnel que Mirabeau comptait tirer de ces services, il n'est permis de conserver, à cet égard, aucun doute : dès la fin d'octobre 1789, il écrivait au comte de Lamarck les lignes suivantes : « Je suis étouffé d'embarras subalternes;... hier, je vis tard la Fayette. Il fut net, parla du traitement et de la place. Une portion du traitement sera remise demain. Si mille louis vous paraissent indiscrets, ne les demandez pas, mais telle serait mon urgente nécessité. Il ne me convient ni d'être avide, ni d'être dupe. »

Deux jours après, le comte de Lamarck commençait sa réponse par ces mots : « la Fayette vous remettra 50 000 francs ».

D'où venait alors cet argent? Comment, à cette époque, le « traitement » fut-il réglé? Qu'importe?

Il suffit de dire que, presque à chaque page de cette correspondance infatigable, ces chiffres odieux reparaissent, sans que ceux qui les écrivent semblent en ressentir aucune gêne. Bientôt, d'ailleurs, on s'expliquera plus clairement.

Des entrevues secrètes, sans faire tomber tout à fait les préventions et les défiances des souverains, leur firent sentir de plus près l'importance du personnage, le prix qu'il fallait mettre à son alliance et ce qu'ils pouvaient attendre de son appui. On sait le reste.

Si l'on en veut connaître le détail, il faut lire les notes du comte de Lamarck, que, sur son ordre, des mains fidèles ont livrées, il y a déjà quarante ans, au jugement de l'histoire. La date du traité, le nom du négociateur, l'état des dettes acquittées, le chiffre des sommes promises, le règlement des échéances, les suppléments accordés chaque mois, rien n'y manque, sauf un point : j'entends le passif de ce crédit, la contre-valeur qu'en échange de ce qu'il devait toucher, le pensionnaire du Roi devait fournir. On s'en remettait sur ce point à son intelligence, à sa bonne foi, aux inspirations que les événements, l'occasion et le hasard pourraient amener.

Mais la condition essentielle de cet accord, exigée par le Roi avec une insistance qui montre bien sa faiblesse, c'est qu'une affaire si grave serait cachée soigneusement à ses ministres, et qu'ils n'en pourraient jamais rien savoir. *Le secret du roi*.... C'était, on le voit, un héritage et une jurisprudence de famille.

Sans aller plus loin, on peut voir quel était le vice de cette convention clandestine, et sur quels écueils cet embarquement hasardeux devait échouer. En politique, il ne faut rien vouloir à peu près, ni rien tenter à demi ; et, avec un prince aussi incertain, aussi flottant et glissant que l'était Louis XVI, il n'y avait dans cette aventure ni avantage ni sûreté pour personne.

Quel profit le Roi pouvait-il tirer de ces notes furtives, parcourues en cachette le matin, oubliées bien avant le soir ; qu'il fallait rendre le plus vite possible à leur auteur, et que devaient ignorer les seules personnes qui les auraient dû connaître, c'est-à-dire les ministres chargés d'orienter la boussole et de manœuvrer le navire ?

Quant à Mirabeau, avocat consultant et conseiller occulte de la couronne, que gagnaient ses idées à ces dissertations éphémères, à cette éloquence muette qui ne devait avoir ni tribune ni public ? Notes et mémoires, ce n'était qu'un journal de plus, dont le Roi était l'unique lecteur et le seul abonné dans tout son royaume.

Pour que les conseils du hardi politique fussent utiles, il aurait fallu qu'il devînt ministre lui-même ; et c'était impossible, puisque, d'une part, le Roi n'osait pas congédier M. Necker ; puisque, d'autre part, aux termes d'un décret de l'Assemblée, qu'il avait vainement combattu, Mirabeau, en prenant le ministère, aurait dû abandonner la tribune, c'est-à-dire échanger la puissance contre le pouvoir et, avant de combattre, jeter ses armes.

Enfin, comment espérer que cette convention resterait longtemps ignorée, et qu'un jour on n'en saurait pas le prix? Comment ne pas voir que, seulement soupçonnée, elle ôterait à l'orateur tout crédit dans l'Assemblée, au tribun toute influence sur le peuple? Mirabeau, d'ailleurs, n'y apportait aucune retenue. Ce Provençal exubérant était l'homme de France le moins fait pour garder un secret. A peine mis à l'aise par ces subsides bienvenus, ses dépenses maladroites, ses prodigalités bruyantes devaient appeler sur lui l'attention des moins clairvoyants; et, dans ce marché de dupes, ses créanciers, ses fournisseurs et ses parasites gagnaient, seuls, tout ce que perdaient sa popularité, son crédit politique et sa renommée.

CHAPITRE VIII

Ces dangers si manifestes, qui devaient frapper les plus simples, comment Mirabeau ne les a-t-il pas vus, ou comment a-t-il osé les braver? Pour jouer toute sa vie sur un tel enjeu, quels motifs, quelles excuses sa raison a-t-elle pu donner à son honneur? Pour tâcher de le comprendre, il faut aller jusqu'au fond de cette vaste intelligence et de cette conscience obscure; descendre plus loin et plus bas dans l'âme du personnage, et bien saisir, s'il se peut, l'idée qu'il a conçue de lui-même. La voici, dans son orgueilleuse ingénuité.

Il y a en France un homme prodigieusement supérieur à tous les autres; le seul qui tienne dans ses mains le salut de l'État; qui soit de taille à déblayer les débris du passé et à relever l'édifice sur de nouveaux fondements.

Cet homme unique et nécessaire, il faut lui laisser toute sa force, toute sa liberté. Rien ne doit le gêner dans sa marche ni le distraire de son œuvre. Son intelligence, son génie suffiront à tout; mais il faut qu'il les emploie tout entiers, sans en rien laisser perdre. C'est un grand moteur politique, qui fera toute sa besogne si on l'alimente, si on le met à l'aise, bien d'aplomb, en mesure de fonctionner largement, avec ses machines en bon état et son outillage bien monté. Ce sauveur prédestiné du pays et du trône, c'est Mirabeau.

S'il demande aujourd'hui cinquante louis au comte de Lamarck, mille louis demain au comte de Provence; s'il reçoit 50 000 livres des mains de la Fayette, plus tard, un traitement fixe du Roi, ce n'est pas par goût, par avidité, pour son seul plaisir; c'est pour le bien du pays et pour le service de l'État; pour pouvoir penser, parler, agir en pleine liberté, se posséder lui-même et « donner à la patrie en danger toutes ses forces; c'est sous ce rapport seulement qu'il désire que ses dettes soient payées ».

Dans l'intérêt général, il faut que ce grand pensionnaire de la nation soit affranchi de tout souci; qu'il n'ait pas sans cesse aux oreilles la sonnette de ses créanciers, sous les yeux les mémoires menaçants de ses fournisseurs; « pas d'embarras subalterne qui l'étouffe,... pas de *chat dans les jambes* qui le harcèle.... Il ne veut être ni indiscret, ni avide; mais il n'entend pas être dupe. »

Ce n'est pas assez. Comme il est seul pour sauver le royaume, il faut qu'il veille à tout, qu'il sache tout, qu'il soit partout à la fois; qu'il ait sa police dont il soit sûr, et ses « voyageurs » dont il réponde; qu'on lui procure « douze espions parfaits pour rendre compte, heure par heure, des mouvements de MM. Lameth, Barnave, Duport, d'Aiguillon, Menou et Péthion. Les deux agents que M. de Mirabeau a été obligé de poster en Provence, sont en ce moment à sa charge individuelle. Bientôt ils achèveront de l'écraser; car ses affaires particulières sont abîmées, parce qu'il a doublé ses dépenses secrètes pour être complètement en mesure.... » Il est bien juste qu'on paye ses agents, ses espions et ses voyageurs.

Et ses secrétaires?... Pour préparer ses travaux, pour faire les dessous de ses discours, pour « travailler à son éloquence », il faut que l'orateur du peuple et du Roi ait autour de lui des fonctionnaires capables et zélés; qu'il les paye tout ce qu'ils valent. Il ne peut pas les renvoyer, « dissoudre son atelier », ni mettre en grève son usine. Il faut empêcher Pellenc de le quitter sur un mot trop vif, Étienne Dumont de s'en aller à Londres, Clavière et du Roveray de retourner à Genève;... il faut de l'argent pour les retenir.

Et sa santé, sans cesse mise en péril par tant de labeurs! sa vessie enflammée, ses reins secoués par tant d'agitations et par tant de fatigues!... Sa vue est dans un état pitoyable. Il ne peut ni lire, ni écrire. Hier, il était arrivé à l'Assemblée la tête entourée de linges, le cou gonflé par des piqûres de sangsues saignant encore; l'autre jour, « avec un bandeau sur les yeux », et il a parlé pendant trois heures. Ce matin, il va dormir quelques instants pour pouvoir aller ce soir continuer son discours.

Il n'a ni le temps, ni la force de marcher; et cependant, il a chaque jour vingt courses urgentes qu'il ne peut différer; cinquante lettres à dicter, à répondre, à envoyer sans retard à leur adresse. Il faut aller s'expliquer avec la Fayette, rompre ou se raccommoder pour la vingtième fois avec lui; réchauffer le zèle fuyant de l'évêque d'Autun; s'entendre avec Montmorin, qui n'est pas « commode »; redresser Talon, qui n'est pas docile; surveiller Sémonville, qui n'est pas sûr. Il faut sans cesse remettre dans le chemin de leur fourmilière « ces animalcules » qui s'agitent confusément à travers les intrigues dont il tient les fils. Comment se passer de carrosse pour faire toutes ces visites, de laquais pour porter toutes ces lettres?

Et parmi ces tyrannies ruineuses qui se disputent ses jours, ses nuits et l'argent du Roi, il ne compte pas les passions qui l'entraînent, les séductions qui l'entourent, les exigences d'un tempérament indomptable dont les fatigues de cette activité sans repos irritent encore les ardeurs.

Telle est l'énorme machine que l'État et le Roi ont prise à leur service; qui travaille, qui s'use à leur profit; dont ils doivent assurer la marche et réparer les avaries. C'est un impôt national qui rapportera au pays plus qu'il ne lui coûte; et Mirabeau peut le toucher sans rougir; car, dans le marché qu'il a conclu, il n'a rien cédé de sa raison, de sa conscience ni de ses principes.

Voilà, ce me semble, quand il avait le temps de penser, ce que Mirabeau trouvait au fond de lui-même. La grandeur du but qu'il poursuivait, et de l'homme qui le devait atteindre, lui cachait la bassesse et les périls des moyens qu'il mettait en œuvre. Il défendait la cause de la monarchie, parce qu'il la trouvait juste ; il recevait l'argent du Roi, parce qu'il en avait besoin. Entre le service et le salaire, il ne se faisait, dans son esprit, aucune mésalliance qui le pût choquer. Rien n'étant à sa taille autour de lui, il ne trouvait de mesure nulle part, ni pour ses talents, ni pour sa conscience.

D'ailleurs, quand il vante son activité ; quand il parle de ses fatigues, de ses forces qui s'usent, de sa santé qui s'altère, de sa vie qui s'épuise, Mirabeau n'exagère rien. Nous en avons la preuve sous les yeux ; et cependant on croit rêver lorsqu'on lit ces lettres, écrites par centaines et par milliers, qui, presque toujours, contiennent quelque trait de génie lancé à l'aventure ; dont plusieurs feraient à elles seules, par leur tour original ou par leur allure puissante, la fortune et la renommée d'un écrivain. Et ces discours, harcelés par des interruptions violentes, par des cris furieux et par des menaces de mort ; commencés, suspendus, repris le soir ou le lendemain avec la même suite obstinée, avec la même vigueur, sans une défaillance de pensée, sans une détente de logique ou d'éloquence ! Puis, au cours de ces travaux journaliers, barrant le flot, jeté en travers de ce torrent de paroles « qui ne se tait ni le jour, ni la nuit », un bloc énorme,... les cinquante mémoires adressés à la reine, comprenant, avec un cours complet de grande politique, un manuel raisonné de gouvernement, un plan de conduite détaillé, avec le dénombrement des partis, avec le calcul des forces sur lesquelles peut compter encore la monarchie, avec la distribution des rôles, la composition des « ateliers » (il aime ce mot) ; ce qu'il faut faire pour attirer à soi les députés qui sont à prendre, pour acheter ceux qui sont à vendre; pour faire parler les journaux ou pour les faire taire; pour ameuter les provinces contre Paris; Paris et les provinces contre l'Assemblée.

Car, au fond, malgré les surprises qu'amènent les événements, les émeutes, les trahisons, les séditions municipales, les insurrections militaires, enfin l'anarchie montante de chaque jour, les idées et les desseins de Mirabeau ne changent guère. Le Roi et la Reine sont « des prisonniers ». Il faut, d'abord, les délivrer; les faire sortir de Paris; les emmener à Fontainebleau; c'est ce qu'il conseillait dès le mois d'octobre 1789; plus tard à Rouen, si l'on est sûr « que la Fayette puisse pousser jusque-là son armée ». Puis, à mesure que le danger grandit, il faut aller plus loin, jusqu'à Montmédy, jusqu'à Metz; et l'on envoie le comte de Lamarck pour négocier avec Bouillé, pour assurer au Roi, le moment venu, une garde plus solide que les milices de la Fayette, et un chef militaire plus résolu que leur général. « Ce pays périrait tout entier, que je serais encore le défenseur de la reine et du Roi.... »

Mais, à l'épreuve, cet échafaudage mal bâti allait recevoir des chocs redoutables. L'alliance conclue, les embarras, les mécomptes, les regrets, les reproches ne se firent pas attendre. Mirabeau avait sa manière à lui de défendre la royauté, qui n'était peut-être pas la plus mauvaise, mais qui n'était pas celle de ses clients. Il s'agissait, pour lui, de faire entrer le Roi dans la Révolution, et la Révolution dans la monarchie ; d'éloigner du prince les ministres incapables et les courtisans ineptes qui le perdaient, « de le désentourer de traîtres » ; de prendre avec audace la tête du mouvement, et de mener la Révolution, au lieu de se laisser traîner à sa suite.

Partant de là, il n'avait rien à changer dans sa conduite, et il n'y changea rien en effet; ce qu'il était la veille, il le fut le lendemain; et ce n'est pas le côté le moins curieux de cette histoire. Que l'on compare les dates. Que l'on rapproche les discours prononcés avant le traité fait avec la cour et ceux qui l'ont suivi. On ne trouvera entre eux aucune différence. Il n'est pas devenu, il ne pouvait pas devenir plus royaliste, défenseur plus éloquent des principes fondamentaux de la monarchie; mais il n'est pas devenu non plus patriote moins ardent, champion moins emporté des droits du peuple, promoteur moins imprudent des orages populaires.

C'est au moment même où il négociait avec la cour

que, montrant d'un geste véhément le palais du Louvre, et répétant une vieille fable cent fois démentie par l'histoire, il s'écriait : « Rappelez-vous que d'ici, de cette tribune où je parle, je vois la fenêtre du Palais dans lequel des factieux, unissant des intérêts temporels aux intérêts les plus sacrés de la religion, firent partir de la main d'un roi des Français — faible — l'arquebuse fatale qui donna le signal du massacre de la Saint-Barthélemy ».

Et longtemps après le marché conclu, lorsque, depuis six mois, il en touchait la rente, n'est-ce pas lui qui, regardant les députés de la droite, les apostrophait ainsi : « Les véritables factieux, les véritables conspirateurs sont ceux qui parlent des préjugés qu'il faut ménager, en rappelant nos antiques erreurs et notre honteux esclavage. Croyez-moi, ne vous endormez pas dans une si périlleuse sécurité ; car le réveil serait prompt et terrible !... »

N'est-ce pas lui encore qui, dans le même temps, au lendemain d'une émeute où la maison du duc de Castries avait été mise au pillage, rejetait ces désordres sur les ennemis du peuple, et demandait des châtiments exemplaires contre une poignée d'insolents conspirateurs ? « Si vous hésitez, disait-il, des mouvements impétueux et terribles, de justes vengeances, des catastrophes redoutables n'annonceront-ils pas que la volonté du peuple doit toujours être respectée ? Les insensés, ils nous reprochent nos appels au peuple.... Eh ! n'est-il donc pas heureux pour eux-mêmes que la terreur des mouvements populaires les contienne encore ?... »

En parlant ainsi, cet ami singulier du Roi avait devant lui, au pied de la tribune, un détachement de la garde nationale de Paris, admis à dénoncer « à la barre de l'Assemblée » les ennemis « de la Révolution »!...

Enfin, dans ses épanchements les plus intimes, il ne se montrait pas plus respectueux pour les personnes royales qu'il n'était, à la tribune, modéré envers leurs amis. Un jour, entre autres, se croyant supplanté dans la confiance du Roi par l'honnête Bergasse, il laissait échapper, en écrivant au comte de Lamarck, des expressions dont l'inconcevable brutalité révoltait à bon droit la fidélité de ce loyal serviteur.

En voilà bien assez, sans doute, pour laver Mirabeau du reproche de vénalité, au sens où il le faut entendre; pour montrer qu'en faisant acheter ses services, il n'avait pas vendu son indépendance, et qu'en défendant la Révolution et la monarchie, il croyait rester fidèle à tout son passé. Dans tous les cas, il n'en fallait pas davantage pour satisfaire sa raison et pour étourdir sa conscience. Mais, en politique comme ailleurs, ces marchés équivoques portent avec eux leur châtiment; et, tandis que celui qui reçoit se croit toujours fort au-dessus de son salaire, celui qui paie ne se trouve jamais assez bien servi pour son argent.

C'est ce que, plus d'une fois, la cour lui fit clairement entendre. Rien n'égalait alors sa surprise, si ce n'est la platitude de ses excuses ou les emportements de sa colère. « Il n'y a qu'une chose de claire, écrivait-il à M. de Lamarck, c'est que ces gens-là voudraient bien trouver, pour s'en servir, des êtres amphibies qui, avec le talent d'un homme, eussent l'âme d'un laquais. Jamais des animalcules plus imperceptibles n'essayèrent de jouer un plus grand drame sur un plus vaste théâtre. Ce sont des cirons qui veulent imiter les combats des géants.... »

Et quelles leçons, quelles peintures, quelles images originales et frappantes dans cette boutade terrible où éclatent toutes les révoltes de cette grande raison humiliée, où débordent tous les dégoûts de ce cœur gonflé d'amertume!...

« Du côté de la cour, oh! quelles balles de coton! quels tâtonnements! quelle pusillanimité! quelle insouciance! quel assemblage grotesque de vieilles idées et de nouveaux projets, de petites répugnances et de désirs d'enfants, de volontés et de *nolontés*, d'amours et de haines avortées! Et quand ils n'ont suivi aucun de mes conseils, profité d'aucune de mes conquêtes, mis à profit aucune de mes opérations, ils se lamentent, disent que je n'ai rien changé à leur position, qu'on ne peut pas trop compter sur moi : et, le tout, parce que je ne me perds pas, de gaîté de cœur, pour soutenir des avis, des choses et des hommes dont le succès les perdrait eux-mêmes infailliblement! Bonjour!... »

« Ne pas se perdre » ; ne rien céder de sa popularité, de sa puissance, des applaudissements de la foule, de ces triomphes de la parole qui l'enivrent; ne laisser à personne l'empire de l'éloquence, conquis au prix de tant d'efforts, c'est là un des mobiles avoués de sa conduite ondoyante; un des agents de sa politique ambiguë; un des rouages de cette machine compliquée qui semble échapper sans cesse à la volonté qui la dirige.

Ce qu'il veut fortement, en effet, à travers les tâtonnements de son ambition, c'est devenir ministre en restant député. Pour y parvenir, on fera rapporter par l'Assemblée le décret qui lui fait obstacle. Si on échoue, on brisera l'Assemblée. Il confie au comte de Lamarck ce rêve impossible. Il s'essaie au ministère. Il se nomme ministre. Il désigne ses collègues. Il distribue les portefeuilles de ce cabinet imaginaire. Il y fait entrer d'abord le comte de Provence; à son défaut, M. Necker comme premier ministre, « parce qu'il faut le rendre aussi impuissant qu'il est incapable, et cependant conserver sa popularité au Roi;

« L'archevêque de Bordeaux, chancelier, choisissant avec grand soin ses rédacteurs;

« Le duc de Liancourt à la guerre, parce qu'il a de l'honneur, de la fermeté, et de l'affection personnelle pour le Roi, ce qui lui donnera de la sécurité;

« Le duc de la Rochefoucauld, maison du Roi, ville de Paris (Thouret avec lui);

« Le comte de Lamarck à la marine, parce qu'il ne

peut avoir la guerre, et qu'il a fidélité, caractère et exécution (La Prévalaye avec lui);

« L'évêque d'Autun ministre des finances : sa motion du clergé lui a conquis cette place, où personne ne les servirait plus (La Borde avec lui);

« Le comte de Mirabeau au conseil du Roi, sans département; les petits scrupules du respect humain ne sont plus de saison : le gouvernement doit afficher tout haut que ses premiers auxiliaires seront désormais les bons principes, le caractère et le talent;

« Target, maire de Paris (que la basoche conduira toujours);

« La Fayette au conseil, maréchal de France généralissime — à terme — pour refaire l'armée;

« M. de Montmorin, gouverneur, duc et pair (ses dettes payées);

« M. de Ségur, de Russie, aux affaires étrangères;

« M. Mounier, la bibliothèque du Roi;

« Chapelier, les bâtiments. »

Et dans une autre note, qui est, comme la précédente, écrite tout entière de la main de Mirabeau, figure « l'abbé Siéyès comme chef du conseil d'instruction publique ».

Ce qui n'est pas moins curieux que cette *liste des personnages*, dans laquelle Mirabeau prend sans façon la première place, ce « ministère sans département », dû « à son caractère et à son talent », ce sont les traits aigus qui, çà et là, tombent de sa plume sur ses futurs collègues, et sur tous ceux qui, de près ou de loin, pouvaient l'aider dans son œuvre :

« L'évêque d'Autun, qui a été hier à l'Assemblée au-dessous de tout ce qu'on a pu dire;... M. de Sémonville, qui n'est qu'un embaucheur de bonne compagnie, le confident de l'homme gris, l'espion et le *bout de l'oreille* de la Fayette; qui « fait évidemment des deux mains, et auquel on ne doit ni trop se fier, ni communiquer aveuglément tous ses moyens ». Duport du Tertre, qui va remplacer comme garde des sceaux l'archevêque de Toulouse, c'est « Cassandre au lieu de Crispin »;... Montmorin, un animalcule incommode; M. de Ségur, qui songerait bien à quelque chose s'il n'avait pas son discours à faire pour sa réception à l'Académie et quelques pièces fugitives à préparer pour le prochain Almanach des Muses; Necker, le petit grand homme, le méprisable charlatan, qui ne sait ni ce qu'il peut, ni ce qu'il veut, ni ce qu'il doit; qui a mis le trône et la France à deux doigts de leur perte; ce mortel qui s'avance à la gloire sur la double béquille de la banqueroute et du papier-monnaie.... »

Plus loin, c'est la Fayette; « la Fayette le dictateur, Gilles César, Gilles le Grand, le général Jacquot, le Balafré, le joueur heureux et immobile qui succombe sous la fatalité de ses indécisions; également incapable de manquer de foi et de tenir à temps sa parole; l'impuissant capitan qui veut étendre par tout le royaume l'influence de la Courtille, et contre qui l'on n'a de ressources que dans l'imbécillité de son caractère, la timidité de son âme, et les courtes dimensions de sa tête;... le comte de Provence, qui tremble et meurt d'envie de se mettre en avant; qui a peur d'avoir peur,... qui a la pureté d'un enfant comme il en a la faiblesse, et qui, s'il se laissait faire seulement vingt-quatre heures, serait un second duc d'Orléans; le Roi enfin, « qui n'a qu'un homme, c'est sa femme »!...

Dans ces portraits tracés à la hâte, dans quelque accès de colère, grossis outre mesure, et que défigure l'énormité de leur ressemblance, je veux faire la part de la passion et de la fantaisie. Mais, tels qu'ils sont, ils montrent bien ce qui manquait peut-être à Mirabeau pour devenir jamais un heureux politique. Sans doute, il faut prendre les hommes pour ce qu'ils sont, mais rien de plus; quand on veut les gouverner, il ne faut pas tant les mépriser; il ne faut pas surtout leur faire si bien voir qu'on les méprise. Là comme ailleurs, à cette vaste intelligence, le tact et la mesure faisaient défaut; le frein qui arrête à temps la machine.

Ainsi, tout rempli de lui-même, du bruit de sa parole et de l'éclat de ses succès, il ne voyait pas que, à tort ou à raison, la Fayette avait dans les mains deux puissances formidables, au moins égales à la sienne : le prestige militaire et la popularité; que, tel quel et à tout prix, il fallait marcher avec lui; qu'à eux deux ils pouvaient presque tout; que, séparés, ils se détruisaient l'un l'autre. Mais cette ambition « vorace » ne savait rien partager.

CHAPITRE IX

Qu'on envisage les événements seuls, ou bien, avec eux, l'homme qui s'était cru de force à les maîtriser, rien n'est plus triste que les derniers temps qui précédèrent la mort de Mirabeau. On a vu que ses relations avec la cour avaient commencé quelques mois après l'ouverture des États généraux; et qu'au mois de mars 1790, une convention positive l'engageait au service du Roi. Depuis cette époque, sauf quelques jours de trêve, sauf quelques accès d'enthousiasme patriotique qui pouvaient tromper même les moins crédules et leur faire espérer un meilleur avenir, l'anarchie faisait des progrès effrayants et rapides. La fête de la Fédération fut la dernière halte de cette marche désordonnée. Halte périlleuse où, en se mêlant au peuple dans des embrassades avinées, l'armée risquait de perdre, avec sa discipline nécessaire, cette fierté jalouse et cette superstition de l'honneur militaire qui faisait sa force et sa grandeur. Ce jour-là même, en abandonnant à la Fayette le rôle principal, en s'effaçant maladroitement devant lui comme le comparse timide, comme le figurant ennuyé de cette féerie magnifique, le Roi laissait échapper la dernière occasion qui lui fût donnée de ressaisir sa popularité chancelante. « Monsieur Capet l'aîné », écrivait Camille Desmoulins dans son journal du lendemain.

Si Mirabeau a jamais eu des doutes sur les dangers dont la monarchie était menacée, ils étaient, dès cette époque, dissipés. « Je n'ai jamais cru à une grande Révolution sans effusion de sang, écrivait-il à Mauvillon le 4 août 1790, et je n'espère plus que la fermentation intérieure, combinée avec les mouvements du dehors, n'occasionne pas une guerre civile. Je ne sais même pas si cette terrible crise n'est pas un mal nécessaire.... Le ministère, aussi perfide que lâche, n'est pas capable de me pardonner, même pour son propre salut, les services que j'ai rendus à la nation. Le trône n'a ni conception, ni mouvement, ni volonté. Le peuple, ignorant et anarchisé, flotte au gré de tous les jongleurs politiques et de ses propres illusions. »

Ces illusions, que Mirabeau nie avoir jamais eues, il serait facile de prouver que, quoi qu'il en dise, il n'avait pas su toujours s'en défendre; mais qu'importe! A cette époque, du moins, ses lettres, ses entretiens confidentiels, les notes qu'il envoyait à la cour montrent bien qu'il voyait se dérouler devant lui, avec ses fautes et ses crimes, la Révolution dont il s'était d'abord cru le maître.

Tantôt il s'efforce de réveiller le Roi, de trouver « une anse » pour soulever sa lourde résignation et son incertitude immobile, le conjurant d'appeler auprès de lui « les seuls royalistes qu'il doive dénombrer, écouter et croire ». Tantôt il lui montre avec effroi les dangers du dehors ; et, avant de dénoncer à la tribune, dans un discours véhément, le manifeste de Condé, il signale au malheureux prince les périls que les folies des émigrés font courir à la monarchie.

La reine, du moins, semble le comprendre ; et, malgré des défiances légitimes, paraît entrer dans ses desseins. La fille de Marie-Thérèse envisage virilement le danger. C'est à elle que Mirabeau s'adresse, qu'il s'attache et qu'il se cramponne : « Le moment pourrait venir, lui dit-il, où il faudrait voir ce que peuvent, à cheval, une femme et un enfant. C'est, pour la reine, une méthode de famille. » Mais il est déjà trop tard, et le temps est passé de ces héroïques chevauchées. Mirabeau le sent bien lui-même, et prenant le comte de Lamarck à témoin de ses pressentiments sinistres, il lui répète sans cesse, comme dans une vision qui l'obsède, ces mots qu'il lui avait déjà dits dans les premiers temps de leur liaison : « Tout est perdu ! Le Roi et la Reine périront, vous le verrez ! La populace battra le pavé de leurs cadavres ! » — « C'était toujours là, dit Lamarck, son épouvantable refrain ! »

Son refrain aussi, c'était qu'à tout prix il fallait faire sortir de Paris le Roi et la Reine, appeler autour d'eux des amis dévoués et des troupes fidèles ;

gagner l'Assemblée ou la dissoudre de vive force. Ainsi, un coup d'État, la guerre civile et la dictature : tels étaient, un peu plus d'une année après les premiers enchantements de la liberté, les seuls moyens de salut qu'entrevît, pour la France, « le plus grand génie politique que les temps modernes aient enfanté ». Depuis cent ans, dans notre pays, je ne vois pas qu'on en ait su trouver d'autres.

Que valaient d'ailleurs ces projets; et faut-il, avec de grands politiques de nos jours, n'y voir que des enfantillages coupables ? Je ne le saurais croire. Entre eux et Mirabeau je n'hésite guère.

Sans doute le départ du Roi n'était qu'un expédient, mais un expédient nécessaire; et, pour n'avoir pas su partir en plein jour, comme alors il l'aurait pu faire, il a fallu fuir, la nuit, un an après, lorsque, depuis longtemps, il était trop tard. Après les journées d'octobre et tant d'autres, lorsque chaque jour l'émeute de la veille recevait, à la barre de l'Assemblée, des conseils débonnaires ou d'emphatiques éloges; quand l'anarchie, abattant l'un après l'autre tous les pouvoirs, faisait pousser à leur place, dans chacune des sections de Paris, quelque dictature nouvelle, et lorsque, sous les fenêtres des Tuileries, des milliers de voix demandaient la tête de « l'Autrichienne » sur tous les airs à boire de la saison, fallait-il encore attendre? Attendre que l'Ami du peuple eût « organisé en bataillon sacré cent jeunes tyrannicides qui devaient, *patria jubente*, mettre en action un certain droit des gens exercé avec tant d'héroïsme par Harmodius et Aristogiton! » Fallait-il laisser le Roi aux mains du peuple, à la merci d'un coup de main, gardé, comme on l'avait dit sans rire « par le seul amour de ses sujets », et défendu par les baïonnettes flottantes dont la Fayette n'était déjà plus le maître?

Dans les clubs, dans les conciliabules des loges maçonniques, dans les visions sanguinaires de Marat, on voyait reparaître cette vieille secte sauvage et bornée qui, depuis le temps de la Ligue, a changé d'église ou de pagode, mais dont la liturgie immuable n'a jamais connu que deux variantes et deux formules : quand elle tient le pouvoir, elle exécute; quand elle veut le prendre, elle assassine. « La férocité du peuple augmente de jour en jour », écrivait Mirabeau; et, en temps de révolution, malheur aux otages!...

Sans doute, la guerre civile est un fléau; mais si, à ce prix, la France eût échappé au morne despotisme des Jacobins, aux massacres de Septembre, aux échafauds et aux noyades de la Terreur, morts pour morts, qui donc, pouvant prévoir l'avenir, n'eût pas accepté de grand cœur ce sanglant échange?

On aurait eu quelques années plus tôt des Larochejaquelein, des Charette et des Bonchamp, on n'aurait jamais connu peut-être les Danton, les Robespierre, les Fouquier-Tinville et les Carrier.

Quoi qu'il en soit, bons ou mauvais, de pareils desseins, pour réussir, devaient être suivis avec résolution et poussés avec vigueur. Celui qui les avait conçus les devait seul conduire. Mirabeau devenu ministre, la Révolution se fût-elle arrêtée? Peut-être. J'en doute; mais, sans lui, certainement rien ni personne n'en pouvait arrêter le cours.

A chaque pas, en effet, il se heurtait à des obstacles invincibles. L'irrésolution du Roi était le pire de tous. Sans cesse combattu par des influences surannées et par des concurrences ridicules, éconduit quand il devenait trop pressant, ballotté, de mois en mois, entre les volontés de la veille et les *nolontés* du lendemain, dégoûté de lui-même et des autres, Mirabeau usait, à se défendre et à se maintenir, tout le temps qu'on lui faisait perdre pour avancer et pour agir. Il piétinait avec fureur dans cette impasse encombrée d'embûches et de dangers.

Dans ce désarroi de ses alliances nécessaires, la confiance démesurée qu'il avait en lui-même, l'orgueil opiniâtre et la superstition de son génie le pouvaient seuls soutenir. Arbitre inévitable de la nation et de la monarchie, il allait sans relâche de l'une à l'autre, ménageant son crédit auprès du Roi, sa popularité auprès du peuple; pesant tour à tour sur les deux bouts de cette bascule périlleuse; se faisant, dans l'Assemblée, plus révolutionnaire que la Révolution; aux Tuileries, plus royaliste que le Roi. Dans cette cohue de contradictions et d'équivoques, c'est un bruit confus de projets grandioses et d'intrigues misérables, de discours éloquents et de commérages vulgaires où, il faut bien le dire, la conscience de cet habile homme achève de s'embrouiller et de se perdre. « Qui trompe-t-on ici? » disait quelques années auparavant « ce saltimbanque de Beaumarchais ».

Tant va ce jeu redoutable et bizarre, qu'il finit par vous étourdir. De si près qu'on y regarde, on ne voit plus les coups; on ne sait si c'est le hasard seul qui tient les dés, ou si le joueur n'aide pas la Fortune et ne fausse pas effrontément la partie.

CHAPITRE X

Si robuste que fût Mirabeau, les misères de sa jeunesse, les excès de toute sa vie, tant de travaux, tant de soucis, tant de sourdes impatiences avaient usé lentement ce corps d'athlète assiégé par des infirmités douloureuses et harcelé par une foule de maux contre lesquels ses muscles de fer étaient las de le défendre. « Quoiqu'il fût né avec un tempérament très vigoureux, dit Lamarck, je ne l'ai jamais vu jouir d'une bonne santé. »

Au mois d'octobre 1790, il était tombé gravement malade; et c'est « de son lit où il venait d'échapper à la mort » qu'il envoyait à la cour une longue note dans laquelle il demandait une fois de plus le renvoi des ministres. Il se rétablit vite et mal; mais, depuis cette époque, sans qu'il se relâchât un instant de ses travaux, il était hanté par de tristes pensées. Il commençait à craindre que sa vie ne suffît pas à sa tâche. Du côté de la cour, il ne gagnait rien. Du côté de l'Assemblée, il perdait peu à peu de son prestige. Le Peuple et le Roi lui échappaient en même temps; et, jour par jour, il se sentait débordé par le flot populaire qu'il avait cru pendant longtemps contenir.

Au commencement de l'année 1791, un acte de justice, qu'on lui faisait attendre depuis trop longtemps, releva cependant son courage et réveilla son ardeur. Le 29 janvier, il fut élu président de l'Assemblée nationale. Quarante-deux de ses collègues avaient obtenu, avant lui, cet honneur! Aux termes du règlement, pendant la durée de ses fonctions, c'est-à-dire pendant un mois, le président ne pouvait pas monter à la tribune. Mais Mirabeau n'était pas homme à se taire pendant tout un mois. Diriger les débats, ramener à l'ordre du jour les orateurs fourvoyés, répondre à des adresses, recevoir les députations qui, chaque jour, se présentaient à la barre, c'était là, pour lui, autant de sujets d'allocutions ou de harangues qu'il n'avait garde de laisser échapper. C'est ainsi qu'un jour, des quakers étant venus demander à l'Assemblée la permission de pratiquer leur religion dans le royaume et de constater eux-mêmes leur état civil, il leur fit, à leur grand étonnement peut-être, une réponse solennelle, pleine de noblesse et de grandeur. Il ne chercha pas d'où tant de quakers pouvaient bien venir, et à ces pieux ambassadeurs il ne demanda pas leurs lettres de créance. Mais il leur adressa un grand discours plein de beaux sentiments et de hautes pensées, pénétré des idées de fraternité universelle qui étaient la noble chimère de cet âge d'or; une sorte de sermon laïque, écho majestueux de ce déisme vague et tranquille qui était, de père en fils, la religion domestique des Mirabeau.

Mais ce n'étaient là que les passe-temps et les désœuvrements de son éloquence. Dès qu'il put remonter à la tribune, il y revint avec ardeur. Il semblait n'en descendre qu'à regret, comme s'il sentait que bientôt il faudrait lui dire adieu pour toujours.

Frappé plus vivement chaque jour des dangers qui, chaque jour, menaçaient la France de plus près, il découvrait alors plus ouvertement la cause qu'il voulait défendre, le but qu'il voulait atteindre. Les occasions manquaient moins que jamais à son éloquence; et, pendant le mois de mars 1791, qui devait être le dernier mois de sa vie, les événements sollicitaient presque sans relâche son activité.

Un jour, c'était une municipalité de province qui, dans son zèle imbécile, au nom du « salut public » menacé, arrêtait le carrosse des tantes du Roi et interrompait leur voyage. « On parle du salut du peuple! s'écria Mirabeau avec dédain; le salut du peuple n'est pas intéressé à ce que Mesdames couchent en route trois jours de plus. » Et il faisait ordonner à ces patriotes malencontreux de laisser passer des citoyennes inoffensives.

Peu de jours après, un comité déposait le projet de loi « contre les émigrants ». « Je ne ferai pas au

Comité l'injure de démontrer que sa loi est digne d'être placée dans les codes de Dracon ; mais elle ne pourra jamais entrer parmi les décrets de l'Assemblée nationale. » Et il faisait ajourner le projet, après avoir imposé « silence aux trente voix ».

Une autre fois, Mirabeau jetait aux partisans de la République cette profession de foi intrépide : « Notre serment de fidélité au Roi est dans la Constitution. Je dis qu'il est profondément injurieux de mettre en doute notre respect pour ce serment. Telle est ma déclaration non équivoque, et pour laquelle je lutterai avec tout le monde en énergie, bien décidé que je suis à combattre toute espèce de factieux qui voudraient porter atteinte au principe de la monarchie, dans quelque partie du royaume qu'ils puissent se montrer. Telle est ma déclaration qui renferme tous les lieux, tous les temps, toutes les personnes, toutes les sectes. »

Le 22 mars enfin, on commence à discuter le projet de loi sur la régence, dans lequel se posait assez clairement la question périlleuse du droit monarchique et de la souveraineté populaire. Il s'agissait de gagner du temps, d'endormir l'Assemblée, entre l'élection et l'hérédité, dans ces théories abstraites qui engourdissent le débat et attiédissent les orateurs. Mirabeau parla quatre jours, par lambeaux, par interruptions, par apostrophes, par de longues dissertations, par de courtes répliques, sans qu'il soit possible, dans les détours de cette rhétorique ambiguë, de deviner son opinion et de bien saisir sa pensée.

Le 25 mars, malade, épuisé de fatigue, brisé par la souffrance, il monta cinq fois à la tribune. Quoi qu'on en ait pu dire, ce discours intermittent, fait de toutes pièces et préparé à la hâte, qui était plutôt une manœuvre parlementaire qu'une composition oratoire, ne peut pas compter parmi les meilleurs. Mais il est un de ceux où l'on peut juger le plus sûrement les procédés et la technique de cet habile stratégiste et de ce prodigieux compilateur. « Nous sommes dans un grand danger, écrivait-il au comte de Lamarck au milieu même d'une séance, soyez sûr qu'on veut nous ramener aux élections, c'est-à-dire à la destruction de la monarchie. Je porterai tous mes efforts à ajourner.... Envoyez chercher Pellene immédiatement; qu'il étudie dans le plus grand détail le décret : qu'il ne prenne que des notes; mais qu'il les développe assez pour que je parle avec fécondité;... gagnons du temps; tout est sauvé. J'emmènerai Pellene avec moi et nous y mettrons toutes nos forces. »

Ce tour de force — il disait bien — fut son dernier acte politique; ce ne fut pas son dernier discours. En même temps que le projet de loi sur la régence, l'Assemblée discutait un projet de loi sur les mines. Dans cette question si difficile, les intérêts pécuniaires du comte de Lamarck étaient gravement engagés. Mirabeau ne voulut pas déserter une cause dans laquelle, après un examen rapide, le bien de l'État lui parut être d'accord avec les intérêts de son ami. C'était un sujet aride, absolument nouveau pour lui; mais Pellenc était là. Et, sur ses notes, avec cette compétence écourtée et cette érudition de la veille auxquelles son action et sa parole donnaient sa marque et son empreinte, il disserta longuement.

C'était le 27 mars. Mirabeau sortit de l'Assemblée vers le soir. Il n'y devait plus revenir. Le grand orateur venait de se taire pour jamais. Six jours après, il était mort [1].

1. Le 2 avril 1791, à quarante-deux ans. Il était né le 9 mars 1749.

CHAPITRE XI

Pour juger un homme politique, il ne faut pas se laisser étourdir par le bruit qu'il a fait pendant sa vie : il faut chercher ce qui reste de son œuvre après sa mort, et mesurer le vide qu'il laisse après lui dans le monde.

Lorsqu'on sut la vie de Mirabeau en danger, ce fut dans Paris une secousse violente, un terrible saisissement. Le Roi, le peuple, l'Assemblée, les serviteurs découragés de la monarchie, les amis inquiets de la liberté, les promoteurs ardents de la souveraineté populaire, — tous tremblaient de voir disparaître avec lui les espérances confuses que, tour à tour, à travers ses écarts et ses brusques caprices, son fertile génie leur avait fait entrevoir. Chacun pensait à ce qu'il pouvait attendre un jour de cette puissance équivoque; personne, à ce qu'on en devait redouter. Amis ou ennemis, il semblait que cet homme nécessaire allait manquer à la fois à tout le monde.

Pour comprendre quel était le trouble des esprits, il faut lire, au jour le jour et heure par heure, dans les écrits contemporains, le récit effaré de cette grande surprise. C'était une force nationale qui s'écroulait tout à coup ; le dernier étai d'une société en ruine.

Durant cinq jours, rassemblés pêle-mêle autour de sa demeure dans une angoisse commune, contenus par des barrières, maintenus par une haie de soldats, des citoyens de toutes les classes et de tous les partis se transmettaient, de proche en proche, les nouvelles qui allaient se répandre ensuite dans la ville et dans toute la France.

Là-haut, dans la chambre où Mirabeau allait mourir, les médecins impuissants de cette maladie sans espoir, Cabanis et Petit, penchés sur ce corps robuste qu'ils disputaient vainement à la mort, épiant le réveil de cette nature si jeune encore et de ce tempérament ivre de vie.... Auprès d'eux quelques amis, quelques serviteurs consternés : le comte de Lamarck, Frochot, le jeune de Comps, le fidèle Legrain;... de temps en temps une députation impitoyable d'électeurs ou de patriotes, — qui venait débiter au chevet de ce lit de douleur des niaiseries solennelles; — par intervalles, aussi, l'évêque d'Autun, toujours avisé, partout à sa place, et dont les visites complaisantes défendaient le malade contre les importunités pieuses de son curé. Dans l'antichambre, dans l'escalier, à toutes les portes, l'inévitable Sémonville rôdant autour de cette mort....

Dans cette grande attente et au milieu de ses cruelles souffrances, il semble que Mirabeau n'ait cherché qu'à bien mourir. Jusqu'à la fin il demeura maître de lui-même, réglant avec soin ses affaires en désordre, donnant aux amis qui l'entouraient des instructions et des conseils; — attentif encore à sa renommée, et goûtant jusque dans la mort les dernières douceurs de son éphémère popularité.

Il mourut en philosophe, fidèle à la religion aisée de l'Encyclopédie, au déisme emphatique et commode de sa famille et de son temps. « Tu es un grand médecin, disait-il à Cabanis; mais il est un médecin plus grand que toi, l'auteur du vent qui renverse tout, de l'eau qui pénètre et féconde tout, du feu qui vivifie ou décompose tout!... »

Jusqu'à la fin, les fumées de la politique hantèrent cette tête puissante, mêlées aux lourdes divagations de l'agonie, et chassées peu à peu par le souffle de la mort. « J'emporte avec moi le deuil de la monarchie;... maintenant, les factieux vont s'en disputer les lambeaux!... »

Jusqu'à la fin aussi, l'orgueil ingénu de l'orateur et du tribun amenait sur ses lèvres des paroles sonores, échos douloureux de son éloquence d'hier, souvenirs superbes de ses triomphes et de ses ambitions d'autrefois : « Sont-ce déjà les funérailles d'Achille? » disait-il, en entendant le bruit du canon dans le lointain.... Puis, une heure avant d'expirer, prenant la main de Cabanis, l'imagination toute pleine des grandes morts de l'antiquité : « Mon ami, je mourrai aujourd'hui. Quand on en est là, il ne reste plus qu'une chose à faire, c'est de se parfumer, de se couronner de fleurs et de s'environner de musique, afin d'entrer agréablement dans ce sommeil dont on ne se réveille pas.... » Ne pouvant plus parler, il écrivit un mot : « dormir... ». Ce fut le dernier effort de cette grande intelligence vaincue. Pour que cette mort païenne, un peu théâtrale, mais non sans grandeur, ait été une mort tout à fait impériale et romaine, il n'y a manqué que le mot de Néron : *Qualis artifex pereo!...*

C'était un souverain, en effet, qui était enlevé à l'amour et à l'admiration de ses sujets. On le vit bien, à l'épreuve. Sa popularité lui survécut pendant plus d'une semaine! Comme il semblait impossible que Dieu tout seul eût attenté à des jours si précieux, nul doute que ses ennemis ne l'eussent fait empoisonner. Le peuple désignait les assassins. La justice fut sommée d'agir; et quarante-quatre médecins, surveillés par l'accusateur public et par sept « délégués de la nation, » procédèrent à l'autopsie. Dans ce corps usé par la fatigue, on ne trouva nulle trace de poison. Les souffrances de sa jeunesse, les passions, les excès, les plaisirs, le travail et les soucis étaient les seuls coupables ou les seuls complices de cet irréparable malheur. Le grand prodigue était mort à force de vivre.

On fit à Mirabeau des funérailles royales. La cour, le clergé, l'Assemblée nationale, les sociétés populaires rivalisèrent de douleur et d'éloges, la Fayette et son état-major escortaient le char funèbre, que suivaient les ministres du Roi. Des décharges de mousqueterie ébranlèrent les voûtes de Saint-Eustache. Cerutti prononça, sur les marches de l'autel, une plate oraison funèbre; et, sur la motion du duc de la Rochefoucauld, le corps fut porté dans les caveaux de Sainte-Geneviève, consacrés désormais à la sépulture des grands hommes. Deux années après, il devait en être arraché pour faire place au cadavre sanglant de Marat....

Au milieu de tout ce bruit, un trait m'a frappé plus que tout le reste. Mirabeau, peu de jours avant sa mort, avait écrit un discours sur les successions et l'égalité des partages. Dans ses derniers moments, il avait chargé l'évêque d'Autun d'en donner lecture à l'Assemblée. Talleyrand obéit sans enthousiasme, mais avec décence. Le 2 avril, il parut à la tribune, avec ce grand air de recueillement épiscopal et de morgue aristocratique qui ne laissait jamais entrevoir que la première moitié de sa pensée; et après quelques mots de froide condoléance : « M. de Mirabeau m'a fait demander, dit-il. Je ne m'arrêtai point à l'émotion que plusieurs de ces discours m'ont fait éprouver,... et je vous apporte, comme des débris précieux, les dernières paroles qui ont été arrachées à l'immense proie que la mort vient de saisir.... » — *L'immense proie!...* Je ne sais rien qui donne une idée plus vaste du personnage, que ces deux mots dits à cette place, à cette heure, dans cette tribune vide de lui, et tombant, avec lenteur, de ces lèvres prudentes.

Que serait devenu Mirabeau s'il eût vécu? On a dit souvent qu'il aurait été une des premières victimes de la Terreur.... Je n'en crois rien; — il n'aurait pas attendu la Terreur... Avec beaucoup de courage, c'était l'homme le plus pratique qui fût au monde. « Si vous faites une loi contre les émigrants, avait-il dit un jour à l'Assemblée, je jure de n'y obéir jamais!... » Il aurait tenu son serment. Je le vois assez clairement sortant de France après le 10 Août, « ne voulant pas se perdre » avec un prince qui n'avait pas su se laisser sauver; adressant, de Londres ou de Philadelphie, de belles lettres au peuple français, pour lui conseiller la justice et la clémence. — Puis, sans trop d'efforts, je le retrouve quinze ans après, mûri par les événements, désabusé des chimères démocratiques de sa jeunesse, épris de Napoléon comme il l'avait été du grand Frédéric; dignitaire un peu gênant de l'Empire; ambassadeur en Russie à la place de Caulaincourt, ou ministre des affaires étrangères après la disgrâce de Talleyrand. L'Empereur n'aurait pas eu besoin de l'anoblir. Tout au plus l'aurait-il fait duc. Il était comte par droit de naissance.

CHAPITRE XII

Voilà l'homme, tel que je l'ai vu, tel, du moins, que j'ai cru le voir et pu le comprendre : un assemblage énorme de bien et de mal, de passions généreuses et de bas appétits; une des intelligences les plus fortes et les plus larges dont l'histoire de l'esprit humain doive conserver le souvenir; — qui aurait tout embrassé dans ses vastes étreintes, si l'ambition et le hasard n'avaient pas tourné tous ses desseins vers un seul but, et ramené sur un seul point tous ses efforts.

Écrivain abondant et prolixe, admirable seulement aux endroits où, au lieu d'écrire, il croit parler; orateur incomparable, dont le nom reste, encore aujourd'hui, le nom même de l'éloquence, Mirabeau fut-il, comme d'autres l'ont pensé avec lui, un grand politique; ou seulement un politicien formidable, le chef épique d'une race malfaisante et vulgaire, le type géant d'une petite espèce? Cent ans après les funérailles triomphales que ses contemporains lui ont faites, cette question demeure encore incertaine. Chargée, à poids égal, de louanges et d'outrages, cette mémoire flottante n'a pas encore trouvé son équilibre et pris son aplomb. Je peux en parler librement. Ce n'est pas mon grain de sable qui fera descendre ou monter la balance.

« Mirabeau savait tout et prévoyait tout », a dit Mme de Staël, qui pourtant ne l'aimait guère. C'est « le plus grand génie politique que les temps modernes aient enfanté », a dit Lamartine, qui, en parlant d'un autre, songeait souvent à lui-même. Je doute que la postérité ratifie ces jugements.

Si Mirabeau a « tout prévu », il l'a fait trop tard, dans un temps où beaucoup d'autres pouvaient prévoir comme lui, et quand ce qu'il avait fait pour tout détruire permettait de prédire à coup sûr qu'on ne pourrait rien relever.

« Le plus grand génie politique des temps modernes?... » Henri IV, Richelieu, Mazarin, Louis XIV — lui-même — ont été cependant d'assez grands politiques, et des politiques heureux; j'entends qu'ils ont fait des établissements glorieux et durables, des conquêtes solides, assuré pour longtemps la grandeur de leur patrie et son importance dans le monde. C'est à ces signes que les grands politiques se font connaître.

Mirabeau a pu concevoir tout cela, mais il n'en a rien pu faire. On trouve dans ses écrits des vues lointaines et profondes, dans ses discours de beaux élans et de sages projets; mais il ne suffit pas de parler et d'écrire pour montrer qu'on peut agir et gouverner. S'il avait tenu dans ses mains le pouvoir, n'étant plus obsédé par le souci de le conquérir, je crois qu'il aurait fait de grandes choses. Mais le temps, l'occasion, la matière, l'action lui ont fait défaut; et pour le considérer comme un grand politique, on ne peut pourtant pas compter tout ce qui lui a manqué pour le devenir.

Veut-on le juger par son œuvre? La Révolution, qu'il n'a pas faite tout seul, mais dont il a été un des ouvriers les plus actifs, est loin d'être, elle-même, à l'heure où nous sommes, jugée sans retour. Naguère encore, tandis que des fêtes et des chants séculaires célébraient le centenaire de 1789, des esprits réfléchis et sincères, loin des fanfares, des cantates et des harangues, se demandaient si la France n'a pas payé trop cher cette grande aventure qui, après un court rêve de gloire, lui a valu, dans le monde affranchi par elle, tant de défaites, tant de désastres et tant d'ennemis. « La Révolution a-t-elle, en somme, fondé quelque chose et préparé l'avenir? On ne le sait pas encore... », disait récemment un grand douteur qui a cependant beaucoup vécu avec les prophètes. S'il ne le sait pas, faisons comme lui : « suspendons notre jugement », et laissons à ceux qui viennent après nous le soin de juger à leur tour.

Quant à Mirabeau, sa gloire durable, c'est d'avoir proclamé, d'une voix éclatante, tout ce que la Révolution apportait avec elle d'idées vraies et de sentiments généreux; d'avoir, en dépit de toutes les résistances et au mépris de toutes les menaces, plaidé hardiment les grandes causes dont les vœux de tout un peuple et la philosophie de tout un siècle avaient remis entre ses mains la défense.

Aucun nom ne marque mieux que le sien, dans cette fin de siècle tragique, la limite qui sépare le temps où il a vécu des années effroyables qui l'allaient suivre. Vainement tenterait-on d'enchaîner ensemble ces deux époques et de les river l'une à l'autre. Les choses humaines ont rarement cette unité symétrique et tranchante que nos passions, notre orgueil ou nos intérêts d'un jour leur voudraient donner. « L'histoire date ses justices », a dit Michelet. Jamais, malgré toutes leurs fautes, elle ne confondra les rêveurs courageux, les révoltés éloquents de la Constituante, avec les furieux du 10 Août, les égorgeurs de Septembre et les bourreaux de la Terreur. Jamais elle n'accouplera, dans ses sentences, le nom de Mirabeau avec les noms sinistres de Danton, de Robespierre et de Marat. « L'histoire date ses justices !... »

FIN

OUVRAGES A CONSULTER

Œuvres de Mirabeau : *Discours et opinions*, avec une notice biographique, par Mérilhon, 9 vol., 1826. Brissot-Thivars et Dupont, libraires.

Mémoires biographiques, littéraires et politiques de Mirabeau, publiés par Lucas de Montigny, 8 vol., 1835. Delaunay, libraire.

Souvenirs d'Ét. Dumont (de Genève). 1 vol., 1832. Gosselin.

Les Mirabeau, nouvelles études sur la société française au XVIIIe siècle, par Louis de Loménie, 2 vol., 1878. Dentu, éditeur. — Le même ouvrage, continué par Charles de Loménie, 3 vol., 1889-1891. Dentu, éditeur.

Esprit de Mirabeau, manuel de l'homme d'État, avec un précis historique de sa vie. 2 vol., 1797. Buisson, libraire.

Étude de Victor Hugo sur les *Mémoires* de Mirabeau, 1834.

Étude de Sainte-Beuve sur les *Mémoires* de Mirabeau, 1834.

Portraits contemporains, t. II. Calmann Lévy, éditeur.

Causeries du lundi, par Sainte-Beuve, 1851. Garnier, éditeur.

Étude de Paul de Saint-Victor.

Lamartine, *les Hommes de la Révolution*. 1 vol., 1865.

Lamartine, Préface des *Girondins*.

Aulard, *l'Éloquence parlementaire pendant la Révolution française*, 1885.

Les Procès de Mirabeau en Provence, par Aristide Joly. 1 vol., 1863.

Taine, *Origines de la France contemporaine : la Révolution*. Hachette et Cie, éditeurs.

TABLE DES MATIÈRES

TROISIÈME PARTIE

Gabriel-Honoré de Riqueti, comte de Mirabeau. Sa vie politique. (1789-1791.)

Coulommiers. — Imp. Paul BRODARD.

BIBLIOTHEQUE NATIONALE DE FRANCE
3 7502 00853220 4

www.ingramcontent.com/pod-product-compliance
Ingram Content Group UK Ltd.
Pitfield, Milton Keynes, MK11 3LW, UK
UKHW012026240726
13965UKWH00002B/601

9 782013 614351